Heinz Erhardt

Besinnliches mit Sinn und Unsinn

Weltbild

Genehmigte Lizenzausgabe für Weltbild GmbH & Co. KG,
Werner-von-Siemens-Str. 1, 86159 Augsburg

Umschlaggestaltung: Atelier Seidel, Teising
Umschlagmotiv: © ullstein bild
Druck und Bindung: GGP Media GmbH, Pößneck
Printed in the EU
978-3-8289-3926-4

2018 2017
Die letzte Jahreszahl gibt die aktuelle Lizenzausgabe an.

Prolog

„Warum machst du in Gedichten?“,
fragte mich ein Menschenkind.
„Warum schreibst du nicht Geschichten,
die doch leicht verkäuflich sind?“
Oh, ich habe meine Gründe
für mein Tun – und sprach verträumt:
„Weil ich es viel schöner finde,
wenn sich hinten alles reimt.“

Wahrheit

Die schlechtesten Bücher sind es nicht,
an denen Würmer nagen,
die schlechtesten Nasen sind es nicht,
die eine Brille tragen.
Die schlechtesten Menschen sind es nicht,
die dir die Wahrheit sagen.

Humor

Glücklich ist der Mensch zu preisen, der – angetan mit einem Regenmantel – durch den strömenden Regen geht und das Gefühl hat, durch meinen Mantel geht nichts durch. Dieser Mensch hat Humor! Humor ist nichts anderes als ein undurchlässiger Regenmantel, und es ist nur bedauerlich, dass Regenmäntel immer so verregnet aussehen.

Humor kommt von humus, ohne den bekanntlich nichts gedeihen kann. Aus humus ist dann Homo entstanden, und der liebe Gott muss damals viel Humor gehabt haben, als er den Homo sapiens schuf. Denn gibt es etwas Komischeres als den Menschen?

Aus einiger Entfernung sieht der Mensch manchmal wie ein richtiger Mensch aus. Aber während das Weihnachtsfest zum Beispiel uns immer näherkommt, kommen sich die Menschen niemals richtig näher. Sie haben Angst voreinander. Ist das nicht komisch?

Dichter

Es soll manchen Dichter geben,
der muss dichten, um zu leben.
Ist das immer so? Mitnichten,
manche leben, um zu dichten.

Die Starlets

Jetzt weiß ich endlich auch, wieso
sie Köpfe haben! – Soll ichs sagen?
Sie brauchen dann das viele Stroh
nicht in der Hand zu tragen!

Die Modistin

Sie zeigt das Neuste der Saison …
Da plötzlich stolpert sie beim Schreiten,
und lächelnd spricht sie: „Oh, pardon,
ich habe Absatzschwierigkeiten!“

Zu wenig

Ich kenne keine Beine,
die schöner wärn als deine,
deshalb bedaure ich es fast,
dass du nur zweie hast …

Aphorismen

Frauen sind die Juwelen der Schöpfung.
Man muss sie mit Fassung tragen.

Es lohnt sich nicht, sich an einen
Strohhut zu klammern.

Wer sich selbst auf den Arm nimmt,
erspart anderen die Arbeit.

Liebschaften sind wie Pilzgerichte, ob sie
ungefährlich waren, weiß man erst später.

Ich brauche nur fett Gedrucktes
zu lesen, schon nehme ich zu.

Ein Standpunkt

Wenn du mit vieler Mühe auf einen Berg
gekraxelt bist, so merkst du erst da oben,
wie schön es unten ist. Doch hab es nicht zu
eilig mit dem Hinuntergehn; es gibt nämlich
nichts Schönres, als Über-den-Dingen-stehn.

Frau Wirtin

Frau Wirtin hatte einen Tänza,
den kriegte, ach, die Influenza
in ihre bösen Fänge.
Nun lag mit vierzig er im Bett –
na, das war ein Gedränge …

Unterschied

Wollen wir doch einmal dieses Thema streifen:
Autoräder sind von Reifen –
Lehrer aber, die zu lehren sich bestreben,
sind von Unreifen umgeben!

Noch 'n Unterschied

Wir fuhren einst zusammen
tagtäglich mit der „Zehn",
jetzt fahren wir zusammen,
wenn wir uns wiedersehn!

Zellen

Das Leben kommt auf alle Fälle
aus einer Zelle.
Doch manchmal endets auch – bei Strolchen! –
in einer solchen.

Sandmännchen

Die Straße, in der ich wohne, heißt Sackgasse. Die Gasse heißt so, weil sie immer tiefer und tiefer wegsackt! Sie besteht hauptsächlich aus Löchern, weshalb man sie schalkhaft auch „Schweizer-Käse-Gasse" nennt.

Ist man ohne Achsen- oder Beinbruch bis zum 17. Loch vorgedrungen, so beginnt dort das Anwesen, auf dem ich mein Unwesen treibe.

Das Grundstück ist nicht groß, aber es reicht – mir und bis zum 24. Loch.

Allein, das muss zur Ehre der Stadtväter gesagt werden: Bei Tage wirkt meine Sackgasse löcherlich – nachts liegt sie in völliger Finsternis da. Es sei denn, dass der Mond schon scheint, und er nicht seinen Mondschein schont!

Neulich – ich dachte, ich sehe schief – erschienen doch tatsächlich zwei Männer mit einem

Spaten und einem Häufchen Sand! Sie besahen sich zuerst die Straße, dann jedes einzelne Loch und dann frühstückten sie im Angesicht ihres Schweißes. Schließlich ergriffen sie den Spaten – und mit ihm die Flucht.

Mit dem zurückgelassenen Sand sollten sie uns wahrscheinlich nur Sand in die Augen streuen – diese Sandmännchen …!

Gute Nacht!

Glück bei Fraun

Ich hatte großes Glück bei Fraun
Ja – mir gefiel fast jede.
Man sieht hieraus, wie alt ich bin,
weil ich gern darüber rede.

Polygam

Wenn einer viele Fraun sich nahm,
so nennt man so was „polygam“,
genügt ihm aber eine schon,
nennt man den Zustand „monoton“.

Die Nase

Wenngleich die Nas, ob spitz, ob platt,
zwei Flügel – Nasenflügel – hat,
so hält sie doch nicht viel vom Fliegen;
das Laufen scheint ihr mehr zu liegen.

Die Augen

Die Augen sind nicht nur zum Sehen,
sind auch zum Singen eingericht' –
wie soll man es denn sonst verstehen,
wenn man von Augenliedern spricht?

Fernsehen

Damit man sähe, was man höre,
erfand Herr Braun die Braunsche Röhre.
Wir wär'n Herrn Braun noch mehr verbunden,
hätt er was anderes erfunden.

Sehnsucht

Ich sehne mich nach einem Häuschen
in Bayern oder an der Spree,
ein Zimmer braucht es nur zu haben,
dazu ein Bad und ein WC.
Im Zimmer würde ich notieren,
was ich beim Baden grad gedichtet,
und im WC würd dann das Machwerk
von mir gleich hinterrücks vernichtet.

Aphorismen

Das Menschenleben gleicht der
Brille – man macht viel durch.

Viele Menschen haben sich ihre
eingebrockte Suppe selbst zuzuschreiben.

Manche Hab- und Gutseligkeiten sind
nur ein Tropfen auf den hohlen Zahn.

Pessimisten sind Leute, die mit der
Sonnenbrille in die Zukunft schauen.

Man macht gewöhnlich viele Worte,
wenn man nichts zu sagen hat.

An einen von vielen

Als du noch warst, wollt man nichts geben.
Kaum warst du tot, ließ man dich leben!
So ists! – Den höchsten Ruhm erworben
hat man erst dann, ist man gestorben.

Drei Bilder

Zwei Bilder hängen, ach, an meiner Wand.
Das eine ist als „Eremit“ bekannt,
das andere hingegen
zeigt eine Landschaft nach dem Regen.
Das dritte Bild ist nicht zu sehn,
doch trotzdem ist es wunderschön,
nie würd ich den Verlust verschmerzen:
Das dritte Bild trag ich im Herzen!

Der Fels

Wenn dir ein Fels vom Herzen fällt,
so fällt er auf den Fuß dir prompt!
So ist es nun mal auf der Welt:
Ein Kummer geht, ein Kummer kommt …

Geld und Geist

Ich finde solche, die von ihrem Geld erzählen,
und solche, die mit ihrem Geiste protzen,
und solche, die erst beten und dann stehlen,
ich finde solche, Sie verzeihn, zum Kotzen.

Es ist nicht alles Gold, was glänzt

Oft glänzt der Himmel strahlend blau,
und oft glänzt eine Hose,
oft glänzt die Nase einer Frau
vor dem Gebrauch der Puderdose.
Durch Abwesenheit glänzt das Glück!
Durchs Bohnern glänzt die Diele –
man rutscht drauf aus und brichts Genick!
(Zu großer Glanz ist nichts für viele!)

Erfreulich

Es ist gewiss viel Schönes dran
am Element, dem nassen,
weil man das Wasser trinken kann!
Man kanns aber auch lassen –

Man nehme

Seit frühster Kindheit, wo man froh lacht,
verfolgt mich dieser Ausspruch magisch:
Man nehme ernst nur das, was froh macht,
das Ernste aber niemals tragisch!

Abendfrieden

Die Oma murmelt leise vor sich her –
sie spricht mit Opa, doch den gibts nicht mehr …
Im Bettchen nebenan schläft süß das Kind …
Die Mutter strickt … Der Vater spinnt …

Aphorismen

Bei manchen Menschen geht alles schnell
zum einen Ohr rein und zum anderen raus –
die haben auch nicht viel dazwischen.

Manche Frauen sind wie Löschpapier;
sie nehmen alles in sich auf und geben
es anschließend verkehrt wieder.

Das Einzige, das man sich jederzeit
nehmen darf, ohne danach
sitzen zu müssen, ist Platz.

Da kann einer sagen, was er will, das
beste Essen ist immer noch das Trinken.

In eigner Sache

Ich häng oft den Gedanken nach,
die teilweis stürmisch, teils gemach
die Gänge meines Hirns erfüllen.
Doch denken kann ich nur im Stillen.

Im Wald zum Beispiel! Zwischen Bäumen,
dort kann ich dichten, kann ich träumen.
In Gegenwart von Baum und Tier,
da kommen die Gedanken mir.

Allein, inmitten jener Wesen,
die schreiben können und auch lesen,
die lieben könnten, doch nur hassen,
fällt mir nichts ein, da muss ich passen!

Das Gewitter

Der Mond verbirgt sein bleiches Licht,
die Sterne am Himmel, sie funkeln nicht.
Die Nacht ist schwül.
Im Herzen wird bang.
Der Uhu krächzt einen Totengesang.

Da – bricht's aus schwarzer Nacht hervor,
als wäre geöffnet der Hölle Tor,
als ständen die Säulen des Erdballs in Flammen,
als stürze das ganze Weltall zusammen,
und aus der Wolken feuchtem Schoß
der Regen in Strömen sich ringsum ergoss,
als wollten des Wassers wilde Gewalten
das Land zum unendlichen Meere gestalten.

Und wie es so stürmet und brandet und kracht,
da, eine Jungfrau tritt hinaus in die Nacht
und ruft in die tosenden Winde hinaus:
„Na, das ist ein Dreckwetter, da bleib ich zu Haus."

Das Dings

Mitten in Ägyptens Wüste
steht ein riesengroßes Dings,
hinten Löwe, vorne Dame,
jeder weiß: Das ist die Sphinx.

Sehnsuchtsvoll in Richtung Westen
schaut sie steinernen Gesichts.
Würde sie nach Osten gucken,
wärs egal: Auch da ist nichts …

Das Konzert

Frau Fauna und Frau Flora
spiel'n am Pianoforte
vierhändig und nach Noten
„Lieder ohne Worte".

Frau Fauna hat die Melodie.
Frau Flora rankt sich drumherum.
Der Mensch hört zu und applaudiert.
Und Gott blättert die Seiten um.

Die Lore

Die Lore fuhr ums Morgenrot
hinab zu ihrer Sohle.
Nach kurzer Zeit kam sie zurück
bis obenhin mit Kohle.

Und gleich drauf fuhr sie wieder los
und holte neue Ware.
Das machte sie tagein, tagaus
und nachts und viele Jahre – – –

Nun ruht sie aus, nach vorn gekippt;
zu Ende ist die Reise.
Fragt nicht nach Dank, nicht nach Gewinn,
sie rostet langsam vor sich hin
auf einem toten Gleise …

Schicksal

Er war ein großer General
und außerdem eins achtzig,
und kams zum Kampf, und er befahl,
dann wendete die Schlacht sich.

Er stürmte immer vorneweg,
selbst gegen schwerste Panzer,
und oft lag er im selben Dreck
wie nebenan der Landser.

Er hat in Afrika geschwitzt,
in Norwegen gefroren.
Er hat dem Feind den Sieg stibitzt,
den Krieg jedoch verloren. –

Er war ein großer General!
Sein Ruhm ging in die Binsen;
man kennt ihn heute nicht einmal
dort, wo er wohnt: in Winsen.

Aphorismen

Solange es Haare gibt, liegen sich
die Menschen in denselben.

Ich habe die Muttersprache mit
den Kindesbeinen eingesogen.

Das Lernen macht stets dann Verdruss,
wenn mans nicht will, es aber muss.

Ich könnte manchmal vor Glück eine
ganze Allee von Purzelbäumen schlagen.

Wenn eine Frau die Wahl zwischen Liebe
und Geld hat, entscheidet sie sich für beides.

Schüchternheit

Als Kind – zu meiner Eltern Leid –
litt ich an großer Schüchternheit.
Als Gymnasiast dann – farbumbändert –
hatte sich darin nichts geändert.
Auch nach dem ersten Kuss – mit Ellen –
war keine Bessrung festzustellen.
Im Alter erst – beim Kampf ums Leben –
hat sich die Schüchternheit gegeben!

Doch weiß ich: Tritt der Tod herein
und spricht zu mir: „Komm mit, mein Sohn!“,
und führt mich vor des Höchsten Thron,
werd ich wieder ganz schüchtern sein –

Langes Wochenende

Nicht alle, aber viele streben
danach, nach Gottes Wort zu leben.

Man geht zur Kirche, liest die Bibel
und weiß dadurch, was gut, was übel,
und ist bemüht von ganzem Herzen,
die Sünde restlos auszumerzen.

Doch ein Gebot, trotz Buß und Beten,
hat man schon öfter übertreten,
und dies Gebot, das man verletzt,
heißt so – von Luther übersetzt –:

„Sechs Tage lang sollst du was tun,
am siebten aber sollst du ruhn!"
Doch nie und nirgends wird gesprochen
von unseren Fünf-Tage-Wochen! –

Klar, dass für jeden frommen Christ
das lange Weekend Sünde ist!

Ein Trauertag

Hunderttausend Menschen strömen
auf die Friedhöfe der Städte.
Die Gedanken gehn nach unten
und nach oben die Gebete.

Vater Staat hat uns befohlen,
heut der Toten zu gedenken –
ihnen Kränze oder Blumen
oder Tränen gar zu schenken!

Vater Staat mischt sich in alles,
selbst in die intimsten Dinge –
als ob der, der wirklich trauert,
nicht auch so zum Friedhof ginge …

Schule

Die Schule ist, das weiß man ja,
in erster Linie dazu da,
den Guten wie den Bösewichtern
den Lehrstoff quasi einzutrichtern;
allein – so ists nun mal hienieden:
Die Geistesgaben sind verschieden.

Mit Löffeln, ja sogar mit Gabeln
frisst Kai die englischen Vokabeln;
Karl-Heinz hat aber erst nach Stunden
die Wurzel aus der Vier gefunden.

Und doch! Karl-Heinz als „dumm“ verschrien,
wird Chef – und man bewundert ihn,
und Kai, in Uniform gezwängt,
steht an der Drehtür und empfängt
und braucht in Englisch höchstens dies:
„Good morning, Sir!“, und manchmal: „Please!“

Hieraus ersieht der Dümmste klar,
dass der, der „dümmer“, klüger war!

In der Schule drüben

„Sagt mir, ihr lieben Jungs, geschwind,
wer wohl die beiden Großen sind,
die denen, die reich und bezopft,
erfolgreich auf den Busch geklopft?
Die man seit vorigem Jahrhundert
studiert, versteht, liebt und bewundert?
Die wir durch Wort und Bilder kennen?
Wie mögen sich die beiden nennen?!“

? ? ? ? – – – ? ? ? ?

„Ihr wisst es nicht, ihr dummem Bengels?
Die beiden heißen MARX und – – – ?!?“
Da meldet sich Hänschen Klein:
„Das könn’n nur Max und Moritz sein!?!“

Feste

Der Karpfen kocht, der Truthahn brät,
man sitzt im engsten Kreise
und singt vereint den ersten Vers
manch wohlvertrauter Weise.
Zum Beispiel „O du fröhliche“,
vom „Baum mit grünen Blättern“ –
und aus so manchem Augenpaar
sieht man die Träne klettern.
Die Traurigkeit am Weihnachtsbaum
ist völlig unverständlich:
Man sollte lachen, fröhlich sein,
denn ER erschien doch endlich!

Zu Ostern – da wird jubiliert,
manch buntes Ei erworben!
Da lacht man gern – dabei ist ER
erst vorgestern gestorben …

Nächstenliebe

Die Nächstenliebe leugnet keiner,
doch ist sie oft nur leerer Wahn,
das merkst am besten du in einer
stark überfüllten Straßenbahn.
Du wirst geschoben und musst schieben,
der Strom der Menge reißt dich mit.
Wie kannst du da den Nächsten lieben,
wenn er dir auf die Füße tritt?!

Depressionen

Vorvorgestern war ich fröhlich,
vorgestern hat sich's gegeben.
Gestern schlug ich Purzelbäume,
heute will ich nicht mehr leben.

Solch ein Zustand ist entsetzlich,
mich und meine Umwelt quäl ich;
doch er dauert nicht sehr lange:
Morgen bin ich wieder fröhlich!

Ein Weihnachtslied

Es ist Weihnachten geworden.
Kalter Wind bläst aus dem Norden
und hat Eis und Schnee gebracht.

Doch am Weihnachtsbaum die Kerzen,
die erwärmen unsre Herzen,
und des Kindes Auge lacht.

Und man sieht auf den verschneiten
Straßen weiße Engel schreiten
durch die stille, heil'ge Nacht.

Rolf und Heinz I

Rolf: Wo waren Sie denn?

Heinz: Auf dem Mond!

Rolf: Wo waren Sie?

Heinz: Auf dem Mond!

Rolf: So, so!

Heinz: Ja, ja!

Rolf: Waren Sie ganz allein da oben?

Heinz: I wo. Ich habe dort eine Menge bekannter Gesichter getroffen!

Rolf: Wen denn zum Beispiel?

Heinz: Eine Menge Politiker!

Rolf: Aber das ist doch nicht möglich?

Heinz: Warum? – Die meisten von ihnen leben doch heute auf dem Mond …!

Rolf und Heinz II

Rolf: Ach, das hätte ich fast vergessen: Dieses Telegramm wurde für Sie abgegeben!

Heinz: Nun, dann will ich es schnell lesen! (liest) Gratuliere, gesunder Stammhalter angekommen!

Rolf: Herzlichen Glückwunsch! Sie können es natürlich nun nicht erwarten, den Jungen zu sehen!

Heinz: Das auch – aber vor allem will ich den Vater kennenlernen!!!

Rolf und Heinz III

Rolf: Ist es wahr, dass Sie neulich in Monte Carlo 100 000 Franc gewonnen haben?

Heinz: Ja, das stimmt!

Rolf: Da gratuliere ich aber!

Heinz: Danke! Nur es war nicht in Monte Carlo, sondern in Travemünde! Und dann waren es auch nicht 100 000 Franc, sondern 100 Mark!

Rolf: Na, das ist aber auch ganz schön!

Heinz: Das finde ich aber auch! Und dann habe ich sie nicht gewonnen, sondern verloren. Aber sonst stimmts!!!

Rolf und Heinz IV

Heinz: Wie geht es eigentlich Ihrer Frau?

Rolf: Danke! Und Ihrer?

Heinz: Meiner auch!

Rolf: Das freut mich – und besonders meine Frau wird sich freuen!

Heinz: Wenn Sie erst wüssten, wie es mich und meine Frau freut, dass es Sie und Ihre Frau freut!

Rolf: Das freut mich!

Heinz: Mich auch!

Harte Schicksale

Wer sich mal in die Nesseln setzt,
ist erst erschrocken, dann verletzt,
erhebt sich mühevoll und schreit
nach bessrer Sitzgelegenheit.

Den Nesseln, auch wenn sie schön blühn,
sind weiche Stühle vorzuziehn.
Auf Weichem sitzt man stets apart …

Nicht weich zu sitzen, das ist hart!

Großmamas Lied

Ich sitze da und stricke Strumpf. –
Und unterm Hause ist ein Sumpf.
Drum steht das Haus nach vorn geneigt,
so wie ein Geiger, wenn er geigt.
Ich seh Musik ganz in der Ferne
und höre über mir die Sterne,
das klingt in meinem Kopf so dumpf.
Ich sitze da und stricke Strumpf. –

Perpetuum mobile

Und der Herbststurm treibt die Blätter,
die ganz welk sind, vor sich her,
und es ist so schlechtes Wetter – – –
ach, wenns doch schon Winter wär!
Und es fallen weiße Flocken,
zwanzig Grad sind es und mehr,
und man friert in seinen Socken – – –
ach, wenns doch schon Frühling wär!
Und der Schnee schmilzt auf den Gassen,
und der Frühling kommt vom Meer,
einsam ist man und verlassen – – –
ach, wenns doch schon Sommer wär!
Und dann wird es schließlich Juli,
und die Arbeit fällt so schwer,
denn man transpiriert wie'n Kuli – – –
ach, wenn es doch Herbst schon wär!
usw. usw.

Pappis Wiegenlied

Schlafe ein, mein Schätzchen,
und träum von einem Kätzchen,
von Püppchen, bunten Steinchen,
schlafe ein, schlaf, Kleinchen!
Schlafe ein, mein Bübchen,
ein Engel geht durchs Stübchen
ganz leis auf nackten Beinchen,
schlafe ein, schlaf, Kleinchen!
Während nun der gute Mond am Himmel lacht,
sitzt dein Pappi hier am Bettchen und bewacht
dich, mein holdes Schätzchen.
Es schlafen schon die Kätzchen,
die Püppchen und die Steinchen,
schlafe ein, schlaf einchen!

Gedanken an der Ostsee

Wie wär die Welt so wunderbar,
umspült vom blauen Meere,
wenn diese Welt, wie's einstmals war,
ganz ohne Menschen wäre.
Dann gäbs kein Hoffen, kein Verzicht,
kein Hassen und kein Morden,
und wär bestimmt auch dies Gedicht
nicht hingeschrieben worden.

Der Pflasterstein

Es liegt ein grauer Pflasterstein
auf der Chaussee, doch nicht allein;
denn wenn allein er läge,
dann läge er im Wege;
doch so, inmitten anderer,
erfreut er alle Wanderer.
Anstatt ihn dankbar nun zu grüßen,
tritt man mit Füßen ihn, mit Füßen ...!

Das große Los

Wie mans auch dreht, wie mans auch nimmt,
das Los ist uns vorausbestimmt.

Wir wissen nicht, was kommt, was geht,
wie mans auch nimmt, wie mans auch dreht.

Wie mans auch dreht und nimmt und zieht,
wir wissen nicht, was uns noch blüht.

Das große Los blüht uns nicht oft,
wie mans auch dreht, nimmt, zieht und hofft.

Aphorismen

Paradox ist, wenn einer sich im Handumdrehen den Fuß bricht.

Frieden auf Erden – hoffentlich wird es keinen Zaun mehr geben, von dem man einen Streit brechen kann.

Ein Stabhochspringer ist kein Hochstapler – eine Hebamme keine Empfangsdame.

Als ich geboren wurde, war ich noch sehr jung.

Manchmal hat es wirklich keinen Sinn, die Stirn zu fletschen und die Zähne zu runzeln.

Sendepause

Eine der schönsten und beliebtesten Sendungen im Rundfunk und Fernsehen ist die Sendepause. Man bedenke: Unzählige Techniker sind damit beschäftigt, nichts zu senden. Nichts. Viele Hörer und Zuschauer schrieben begeisterte Briefe mit der Bitte, die Sendepausensendung doch auszudehnen, weil diese die einzige Sendung sei, bei der der Nachbar ruhig aufdrehen könne, ohne dass man selbst dabei – durchdreht.

Es gibt freiwillige und unfreiwillige Sendepausen. Eine freiwillige findet werktäglich statt, eine unfreiwillige kann auch sonntags stattfinden und heißt „Technische Störung". Wer genau hinhört, kann zwischen einer freiwilligen und einer unfreiwilligen Sendepause keinen Unterschied merken. Es gibt eben keinen Unterschied zwischen freiwillig und unfreiwillig. Das werden die alten Soldaten den neuen gern bestätigen.

Mein Freund

Er war als Kind oft krank gewesen,
mein Freund, des Grafen Bamm sein Sohn.
Kaum war er von dem Mumps genesen,
bumps, hatte er die Masern schon.
Dann Scharlach, Diphtherie und Pocken,
mal brach er Speise, mal das Bein,
und ging er ohne Schuh und Socken,
so stellte sich gleich Grippe ein.

Die Viren lagen ständig auf der Lauer!
Mein Freund verlor gewaltig an Gewicht.
Er wurde langsam, aber sicher sauer
und starb. – Wer tät das nicht? …

Fünfzig Pfund

Eine altenglische Moritat

„Nein, nicht aus Gold ist dieses Ding …
Ihn schenkte einst ein Zaubrer mir.
Nur Unglück brachte stets der Ring,
doch einen Wunsch erfüllt er dir!
Zieh ihn vom Finger, wenn ich sterbe,
und hüte sorgfältig das Erbe …“

So sprach der Inder und verstarb. –
Aus Indien kam Mister Lone
nun endlich wieder nach New-Sharp
zu seiner Frau und seinem Sohn. –
Das Geld war knapp, die Armut stieg …
Der Sohn ging täglich zur Fabrik …–

„Sieh, Frau, dir diesen Ring mal an,
doch schweige, bitte, sag kein Wort,
denn hast du einen Wunsch getan
den Wunsch erfüllt er dir sofort!
Und schon entfuhr es ihrem Mund:
„Ach, hätten wir doch fünfzig Pfund!“

Zu spät! – Der Blick des Mannes ging
verzweifelt und entsetzt zu ihr:
„Nur Unglück bringt der böse Ring,
so sprach der Inder doch zu mir!“
„Ach, lieber Mann, denk nicht an den –
von fünfzig Pfund ist nichts zu sehn …!“

„Ja, du hast recht!“ – Der Abend kam,
doch nicht der Sohn. – Beim Abendbrot
erschien sein Chef in Schwarz und nahm
den Hut ab, sprach: „Ihr Sohn ist tot …
Ein Unglücksfall … I’m sorry, und
wir zahlen Ihnen fünfzig Pfund …!“

Auge um Auge

Stundenlanger Regen nieselt,
und es schmerzt schon das Gesäß,
und die Luft ist eingedieselt
durch die vielen Lkws.

Immer weiter! Keine Liebe
kennt man auf der Autobahn!
Wütend beißt sich das Getriebe
und der Mensch durch – Zahn um Zahn …

Trost

Immer wenn ich traurig bin, trink ich einen Korn. Wenn ich dann noch traurig bin, trink ich noch ’nen Korn. Und wenn ich dann noch traurig bin, dann trink ich noch ’nen Korn …

… und wenn ich dann noch traurig bin, fang ich an von vorn.

Das glückliche Leben

Nein, wir hatten nichts zu rauchen.
Was da rauchte, waren Trümmer.
Und dann rauchten wir Machorka,
und der Hunger wurde schlimmer. –

Doch bald wurde es dann besser.
Wieder rauchten alle Schlote.
Und wir reisten nach Mallorca
mit dem Flugzeug oder Boote.
Und die Häuser wurden größer,
und die Autos wurden länger,
und wir wurden immer fetter
und die Städte immer enger.
Geld gabs viel für wenig Arbeit.
Alles gabs im Übermaße:
Freiheit, Fernsehn, Ferienreisen –
und die Toten auf der Straße.

Die Uhrsache

Die Rathausuhr geht unentwegt,
und immer scheint sie aufgeregt,
weil – ist sie auch schon hochbetagt
sie innerlich die Unruh plagt – – –
was sich auf uns dann überträgt …

Kinder

Kinder haben es so leicht,
haben keine Sorgen,
denken nur, was mach ich jetzt,
nicht, was mach ich morgen …?
Kinder haben es so schwer,
dürfen niemals mäkeln
und sich wie der Herr Papa
auf dem Sofa räkeln …

Kinder haben es so leicht,
dürfen immer spielen,
essen, wenn sie hungrig sind,
weinen, wenn sie fielen …
Kinder haben es so schwer,
müssen so viel lernen
und, wenn was im Fernsehn kommt,
sich sofort entfernen …

Kinder haben es so leicht,
naschen aus der Tüte,
glauben an den lieben Gott
und an dessen Güte …
Kinder haben es so schwer,
müssen Händchen geben –
und auf dieser blöden Welt
noch so lange leben …

Der Friedhofsgeiger

Immer wenn die Totenglocke
läutete im Dorf, dann griff der
Friedhofsgeiger nach der Geige,
nach dem Bogen und dem Hute.
Und wenn leis der Sarg sich senkte,
stand er geigend an dem Grabe,
und die Trauergäste weinten,
und dann gaben sie ihm reichlich.

Plötzlich und ganz unerwartet
starb der Bäckermeister Wuttke
und der Apotheker Heinrich,
und noch viele andre folgten.
Auch den Volksschullehrer Meinke
trug man feierlich zu Grabe,
dem, so wusste man, nichts fehlte
als die Liebe seiner Schüler.

Niemand aber ahnte, dass der
Bäcker und der Apotheker
und der Lehrer und die andern
keines echten Todes starben,
weil der Friedhofsgeiger ihnen
in der Wirtschaft Gift ins Essen
schüttete, das festzustellen
schwer war für den Arzt des Dorfes.

Und weil in dem kleinen Orte
sonst nur selten welche starben,
gab der Geiger Hilfestellung,
da er von den Toten lebte.
Denn wenn leis der Sarg sich senkte,
stand er geigend an dem Grabe,
und die Trauergäste weinten,
und dann gaben sie ihm reichlich.

Das Wiedersehen

Er hat sich dreimal überschlagen …
Lang war der Sturz und kurz der Schreck …
Im Abgrund lag der schöne Wagen,
und neben ihm lag Mister Black …
Die starren Augen standen offen …
Der Wagen lag auf dem Verdeck …
Black schaute staunend und betroffen:
„Da steht doch mein Freund Taylor? – Jack!!“

„Ja, ich bin Jack! Leidest du sehr?
Wie gehts? Du kannst mir alles sagen!“
„Mein lieber Jack, wie kommst du her,
das muss ich aber wirklich fragen?!
Du fielst vor Jahren doch vom Boot
durch irgendeinen dummen Fehler,
und du ertrankst! Du bist doch tot!!!?“
„Du auch“, erwiderte Jack Taylor …

Schimpfe nicht ...

Schimpfe nicht auf Sozialisten –
oder auf die Nationalisten –
oder gar auf Klerikale –
und auch nicht auf Liberale!
Schimpf nicht auf die Kaisertreuen –
oder auf die Neo-Neuen – – –
schimpfe nur auf jene, die's
Land regiern, als könnten sie's!

Aphorismen

Es lohnt sich nicht, 'n Hut zu tragen,
endet der Mensch bereits am Kragen.

Ich reibe mir Morpheus' Arme aus
den Augen, werfe mir den Hut um die
Schulter und lebe sinnlos mäßig.

Manche Konferenzen finden
unter vier Wänden statt.

Masseure sind die Linienrichter
im Kampf gegen die Kalorien.

Lieber ein kleiner Lackschaden
als ein großer Dachschaden.

Schal und Rauch

Und der Rauch der Zigarette
kräuselt sich und steigt zur Decke,
und da oben wird er breiter.

Und nun sieht er deinem blauen
Schal so ähnlich, dem ich zürnte,
weil er das tat, was du ständig
mir verbotest, nämlich dieses:
dich ganz zärtlich zu umhalsen.

Doch nun ist der Rauch verflogen.
Nichts erinnert an den Schal mehr,
höchstens der Geschmack im Munde,
den ich habe, weil er schal ist.

Die Gardinenpredigt

An den blumigen Gardinen
hängen Reste deiner Predigt,
und seitdem du sie gehalten,
bin ich für die Welt erledigt.
Einsam schleich ich durch die Landschaft.
Und der Schwager und die Nichten
zeigen nun auf mich mit Fingern,
statt mich wieder aufzurichten.
Bis zur nächsten großen Wäsche
muss ich meine Wohnung meiden,
denn ich kann diese Gardinen,
die geblümten, nicht mehr leiden.

Bilanz

Wir hatten manchen Weg zurückgelegt,
wir beide, Hand in Hand.
Wir schufteten und schufen unentwegt
und bauten nie auf Sand.
Wir meisterten sofort, was uns erregt,
mit Herz und mit Verstand.
Wenn man sich das so richtig überlegt,
dann war das allerhand.

Urlaub im Urwald

Ich geh im Urwald für mich hin …
Wie schön, dass ich im Urwald bin:
Man kann hier noch so lange wandern,
ein Urbaum steht neben dem andern.
Und an den Bäumen, Blatt für Blatt,
hängt Urlaub. Schön, dass man ihn hat!

Dort bin ich

Wisst ihr, wo ihr mich stets im Urlaub find't?
Nur immer dort, wo frohe Menschen sind!
Wo auch mal Wind die Birkenbäume biegt
und man auch sonntags frische Brötchen kriegt!

Die Attraktion

Altneusandsteinberg ist ein Nest,
das man sonst gern links liegen lässt;
doch sind Begräbnisse hier – seit's
die neue Glocke gibt – von Reiz!
Denn durch das individuelle
Geläut vom Turme der Kapelle
weiß sie die Besten und die Bös'ten
zu läutern, strafen oder trösten
und durch ihr löbliches Bestreben
den Friedhof quasi zu beleben.
Starb, wer nichts war als alt und krumm,
dann macht die Glocke einfach bum.
Doch war der Tote gläubig, fromm,
dann macht sie jubelnd bim-bam-bom!
War der Verblichene ein Schlimmer,
hört man von ihr nur ein Gewimmer.
Doch starb ein Kind und flog gen Himmel,
dann macht sie bummel-bammel-bimmel,
bummel-bammel-bimmel!
Altneusandsteinberg ist ein Nest,
wo man sich gern begraben lässt.

An meine Brille

Ich wäre glatt verloren,
wärst du nicht stets bei mir.
Du hängst an meinen Ohren
grad so, wie ich an dir.

Trag dich auch, wenn auf Zehen
die Nacht sich niedersenkt.
Dann kann ich besser sehen
den Traum, der mich umfängt.

Und wenn ich einst verschwinde
für immer, bleib bei mir.
Damit ich sicher finde
den Weg, mein Gott, zu dir.

Eine Rede über die Rede

Unser Dasein wird von Reden begleitet: Bei der Taufe wird der Mensch mit Reden begrüßt – und am Grabe mit Reden verabschiedet.
Wie entsteht nun eigentlich eine Rede?
Zunächst hascht man sich einen Gedanken. Das dauert oft länger, als einem lieb ist. Hat man ihn dann endlich, ist er nackt und bloß. Also muss man ihn kleiden, und zwar in Worte! Nun beginnt man im Laufe der Rede Worte zu *verlieren.* Dadurch fehlen sie einem bald. Deshalb muss man schleunigst nach neuen Worten *suchen,* bis man welche *gefunden* hat. Hat man endlich wieder Worte *gefunden,* gehen sie einem aufs Neue *verloren,* und man muss wieder nach Worten *suchen* usw. usw. Ein ewiges Verlieren, Suchen und Finden ist so eine Rede, und leider steht ihre Länge meist in keinem Verhältnis zu der Länge ihrer Gedanken!
Wird man unerwartet gebeten, eine Rede zu halten, so erschrecke man nicht, sondern fasse sich. Aber kurz!

Aus meinem Leben

Zu Beginn

Es war an einem 20. Februar.

Das Thermometer zeigte 11 Grad minus und die Uhr 11 Uhr vormittags, als vor unserem Haus das Hauptwasserrohr platzte. Im Nu war die Straße überschwemmt und im gleichen Nu gefroren. Die umliegenden Kinder kamen zuhauf, um auf ihren Schuhen schlitt zu laufen.

Ich selbst konnte mich an diesem fröhlichen Treiben nicht beteiligen, weil ich noch nicht geboren war. Dieses Ereignis fand erst gegen Abend statt. Und da war die Eisbahn längst gestreut und unbrauchbar geworden.

Das Eislaufen habe ich bis heute nicht gelernt. Auch schwimmen kann ich nicht. Aber zeichnen!

Also zeichne ich hochachtungsvoll

Ihr 

Wieso ich Dichter wurde

Als ich das Gaslicht der Welt erblickte, war ich noch verhältnismäßig jung.
Meine Eltern waren zwei Stück, und mein Vater war sehr reich: Er hatte zwei Villen, einen guten und einen bösen.
Und eines Tages – es war sehr kalt, und ich fror vor mich hin, denn nicht nur meine Mutter, auch der Ofen war ausgegangen – teilte sich plötzlich die Wand, und eine wunderschöne Fee erschien! Sie hatte ein faltenreiches Gewand und ein ebensolches Gesicht. Sie schritt auf meine Lagerstatt zu und sprach also: „Na, mein Junge, was willst du denn mal werden?" Ich antwortete – im Hinblick auf meine ziemlich feuchten Windeln: „Ach, gute Tante, vor allem möcht ich gern ‚dichter' werden!" Das hatte die Fee missverstanden, was du, geduldiger Leser, dem vorliegenden Buch unschwer entnehmen kannst!

Meine Geburt

Sie fand im Saale statt. Im Kreissaal.
Und schon war ich sauer! Merkte ich doch gleich, dass auf Erden fast alles Lug und Trug ist!
Denn wieso heißt ein Kreissaal *Kreis*saal, wenn er *vier-eckig* ist?! Erst viel später lernte ich – und auch nicht in der Schule –, dass man diesen Saal mit „ß“ schreibt …
Kaum hatten sich mir meine Eltern vorgestellt – ich hatte sie mir ganz anders vorgestellt – fanden sie mich „nein, wie reizend“! Dabei hatte ich kaum Haare auf dem Kopf, geschweige denn Zähne, auch war ich überall recht dick.
Kurz, ich sah aus wie jetzt! –
Bald darauf erschien Onkel Harry und fotografierte mich von sämtlichen Seiten. Besonders gelang ihm die Aufnahme, wo ich völlig entkleidet bäuchlings auf einem Bärenfell liege – wobei weder das Nackte die finanzielle Situation meines Vaters noch das Bärenfell meine rein germanische Abstammung dokumentieren sollte …

Leider muss ich Sie um den Genuss dieses Aktfotos bringen, weil der Verlag meinte, es sei immerhin möglich, dass ein *Jugendlicher* das Buch aus Versehen kaufen, dann Anstoß an meinem Körper und damit Schaden an seiner Seele nehmen könnte! Denn, bedenken Sie: Ich trug damals nicht einmal eine Brille …

Die Eltern

Eltern bestehen in der Regel aus zwei Personen. Es sollen allerdings auch Fälle bekannt geworden sein, wo der Vater unbekannt ist. Von diesen überaus *seltenen* Fällen zeugt schon die im 17. Jahrhundert entstandene deutsche Volks- oder, besser gesagt, Halbwaise: Zeig mir mal dein Muttermal – dann zeig ich dir dein' Vater mal.
Nun, ich konnte mich nicht beklagen: Ich hatte *drei* Väter! Und ebenso viele Mütter!
Diese Vielzahl an Eltern ist darauf zurückzuführen, dass sowohl mein Vater als auch meine Mutter jeweils dreimal verheiratet waren.
Da nun aber nicht nur sie, sondern auch die Angeheirateten immer wieder heirateten, so besaß ich in den Zwanzigerjahren nicht weniger als einundzwanzig lebende Großelternteile, nämlich elf Großväter und zehn Großmütter …
Alle Vä- und Mütter, aber auch deren Eltern kannten sich untereinander, vertrugen sich glänzend und verwöhnten mich. Und das nicht nur zur Weihnachtszeit …

Man reichte mich ständig herum, und manchmal reichte es mir!
Es bleibt unerfindlich, wie ich damals alle Angehörigen auseinanderhalten konnte – ganz abgesehen von den fast täglich neu hinzukommenden Onkels und Tanten, die man ja auch noch mit Namen anreden musste!
Jedenfalls erinnere ich mich, eine Liste angefertigt zu haben, die ich erst aus der Tasche und dann zurate zog, wenn ich gar nicht mehr weiterwusste. Sie ist in den Wirren des letzten – und hoffentlich wirklich letzten – Krieges ebenso verloren gegangen wie die Mehrzahl der in ihr aufgeführten Verwandten …

Früheste Kindheit

Die Überschrift verbrachte ich in *Riga,* wo ich quasi zweimal zur Welt kam: am 7. Februar nach russischer und am 20. Februar nach hiesiger Zeitrechnung.

Im Datum, das muss man den Russen lassen, waren sie uns entschieden voraus!

Während in jenen Tagen Mütterchen Russland von Väterchen Zar beherrscht wurde, wuchs ich ziemlich unbeherrscht auf; denn meine Eltern waren meine Großeltern.

Sie waren so gut zu mir, dass es schon wieder schlecht war! Wenn ich, Gott behüte, nur einmal nieste, musste ich für eine Woche ins Bett, und hustete ich gar, für zwei Wochen! Schließlich war ich derart verweichlicht, dass ich nur noch nieste oder hustete – oder beides.

Trotzdem erinnere ich mich eines Tages, an dem ich nicht im Bett lag.

Er war herrlich warm, und ich tollte mit meiner Njanja – so hießen die dortigen Kindermädchen –

im Garten herum, obwohl die Njanja wahrscheinlich viel lieber ruhig dagesessen hätte …

Auf der Terrasse aber saß Großmütterchen und häkelte. Oder strickte.

Sie saß auf einem Klappstühlchen, und an einem Bein (des Klappstühlchens) war unser Mops Doggi angebunden. Plötzlich musste er eine Möpsin oder etwas in der Art auf der vorüberführenden Straße gewittert haben …! Kurz und gut – oder vielmehr gar nicht gut: Er nahm einen gewaltigen Anlauf und raste mitsamt dem Klappstühlchen – aber ohne Oma – von dannen!

Großmütterchen hatte inzwischen auf den harten Steinen der Terrasse Platz genommen, worüber ich in unbändiges Lachen ausbrach – ein Beweis für meinen schon damals stark ausgeprägten Sinn für Humor … Großmütterchen hatte aber keinen! Nachdem sie sich mithilfe der Njanja erhoben hatte, erhielt ich die erste Ohrfeige meines Lebens – nicht ahnend, wie viele Ohrfeigen ich späterhin von anderen noch würde einstecken müssen …

Natürlich fing ich jämmerlich zu weinen an. Das wiederum rührte Großmütterchen. Sie nahm mich auf ihren ausgedehnten Schoß und drückte mein Gesicht an ihre ebensolche Brust.
Als ich mit dem Weinen nachließ und das Antlitz wieder erhob, war ich völlig schwarz: Die Pailletten von Großmütterchens Kleid hatten abgefärbt …
Nun war es an Großmütterchen, herzlich zu lachen! Überhaupt zeichnete sich unser Garten durch Lachen aus – besonders nach starken Regenfällen …

Onkel Harry

Onkel Harry wohnte im vierten Stock, weil im dritten schon jemand anders wohnte.
Er hatte eine schöne Wohnung – mit Zimmern drin und Wänden an den Seiten.
Es grenzte aber nicht nur ein Zimmer an das andere, sondern schon fast an Wahnsinn, wie viele Bilder seine Nägel zierten. Auch schöne Radierungen hatte er – besonders in den Geschäftsbüchern, wie er oft scherzhaft zu bemerken liebte.
Von seiner Frau, meiner Tante Luise, sagte er immer, ihre Eltern hätten, als sie noch ein Baby war, sehnsüchtig darauf gewartet, dass sie endlich spräche – nun warte er ebenso sehnsüchtig darauf, dass sie endlich einmal damit aufhöre!
Alle liebten Onkel Harry, weil er humorvoll war, und unzählbar waren seine Freunde, solange er Geld besaß. Bevor er völlig verarmt in seinem Rauchzimmer – er nannte es so, weil dort der Ofen immer so rauchte – starb, schrieb er doppelzüngig in sein Tagebuch: „Ich hatte mehr Freunde, als ich verdiente …!“

Unsere Buche

Inmitten des Gartens, in dem ich im vorigen Kapitel spielte, stand eine Buche, wie sie im Buche stand.
Ob Frühling, Sommer oder Herbst – immer ließ sie was fallen, und ihr riesiges Blätterdach verdunkelte unsere Gemächer.
Mein Großpapa hätte schon längst die Buche einen Stamm kürzer machen lassen, wenn nicht die Gartenbaubehörde – so was gabs damals auch bereits – ihn darauf aufmerksam gemacht hätte, dass besagter Baum zwar in seinem Garten, aber unter Naturschutz stehe! Sie dürfe also – selbst wenn sie nicht gefällt – nicht gefällt werden!

Onkel Harry wusste, wie immer, Rat. Er bohrte große Löcher in die Wurzel – kein Zahnarzt hätte es besser gemacht! – und goss literweise Salzsäure in die Wunden. Dann verschloss er die Löcher mit Gips und versprach, dass nun die Tage der Buche gezählt seien! – Wir brauchten die Tage nicht zu zählen; denn noch nie zuvor hat diese Buche so schön geblüht wie in den Jahren danach!

Wahrscheinlich verdunkelt sie auch heute noch die umliegenden Räume, wenn nicht – was durchaus anzunehmen ist – die Bolschewisten sie ihrer *Krone* beraubt haben …

St. Leninburg

Man kommt ganz durchhin!
Natürlich hieß die Stadt St. Petersburg, aber nicht mehr lange: Schon ab 1914 nannte sie sich *Petrograd*, um schließlich 1924 in *Leningrad* umgetauft zu werden – wobei ich nicht ganz sicher bin, ob bei der dort herrschenden Regierungsform die Vokabel „getauft“ überhaupt am Platze ist …?
Es war im Herbst 1916, als mich meine Mutter raubte und nach Petrograd brachte, weil sie mich mit dem Stiefvater Nummro 1 bekannt machen wollte.
Ich war sieben Jahre alt. –
Und jetzt bitte ich Sie, nicht nur die Gelegenheit, sondern auch Papier und Kugelschreiber zu ergreifen, um folgende mittelschwere Rechenaufgabe zu lösen: Ein Knabe wird 1916 sieben Jahre alt. In welchem Jahr wurde er geboren? (Lösung der Aufgabe im nächsten Buch.) –
Doch nun will ich nicht länger abschweifen und in die damalige Hauptstadt des Russischen Reiches zurückkehren.

Das erstaunlichste und sicher auch sicherste *Vermögen*, das ein Mensch besitzt, ist zweifellos das Erinnerungs*vermögen*! Und so erinnere ich mich an etwas, das – sozial betrachtet – nicht ohne Interesse sein dürfte!

Durch die Vororte Petrograds puffte damals eine mit Dampf betriebene Straßenbahn, die die anliegenden Häuser reichlich mit übel riechendem Rauch versorgte.

Die ausschließlich armen Leute dieser Gegend aber murrten nicht! Im Gegenteil! Sie hingen nicht nur an ihrer Dampfbahn, sondern auch rohe Heringe an die Fensterkreuze, um sie (die Heringe) nach mehrmaliger Vorbeifahrt der Straßenbahn frisch geräuchert zu verzehren …

Verzehrt von Heimweh durfte ich bald nach Riga zurückkehren, um dort in jenes Institut einzutreten, das sich damit beschäftigte, unschuldigen Kindern das Lesen und Rechnen beizubringen – beides Dinge, die für das Studium dieses Buches unerlässlich sind …

Wie ich wurde

Ich war ein Wunderkind; denn ich konnte schon mit sechs Jahren und einem Finger „Hänschen klein" auf dem Klavier spielen. Fürwahr erstaunlich! Als ich dann als Zehnjähriger wiederum geraubt wurde – diesmal zur Abwechslung von meinem Vater – und er mich zu seiner zweiten Frau und meiner ersten Stiefmutter nach Osnabrück brachte, wo er Kapellmeister am Stadttheater war, da erst nahmen mich die Musen / an ihren Busen / und begannen zu schmusen – – wie es schon so schön bei dem englischen Dichter Chateaubriand heißt. (Oder hieß er Entrecôte?) Ich begann also, Gedichte zu machen, die sich sogar ab und zu hinten reimten. Bitte, hier ist so ein Frühwerk – früh im wahrsten Sinne des Wortes!

Wandrer am Morgen

Morgens, wenn noch alle schlafen
und noch alles liegt in Ruh,
geht der Wandrer aus dem Hause
und dem fernen Ziele zu.

Gar nichts rührt sich,
gar nichts regt sich,
selbst der Wind ist noch nicht wach –
nur die frühen Lerchen singen,
und der Wandrer macht es nach …

Wie Sie sehen, befleißigte ich mich schon in jungen Jahren der Kurzform – nicht, weil ich ein Verfechter der Thesen „kurz und gut" oder „Kürze-Würze" war und bin, sondern einfach deshalb, weil ich an ungenügender Länge meiner Gedanken litt und leide! –
Übrigens: Anhand des nun folgenden Beispiels können Sie feststellen, wie die Zeit in einem schöpferischen Menschen arbeitet, und wie der Dichter oft Jahre des Reifens benötigt, um seinem Werk die Gestalt zu geben, die auch die Nachwelt begeistern soll und wird! Bitte vergleichen Sie meinen obigen „Wandrer am Morgen" mit dem vierzig Jahre später entstandenen

Wandrer am Abend

Abends, wenn schon alle schlafen
und schon alles liegt in Ruh,

geht der Wandrer aus dem Hause
und dem nahen Ziele zu.
Gar nichts rührt sich, gar nichts regt sich,
selbst der Wind schläft schon ganz fest –
nur der Wandrer in der Kneipe
singt, solange man ihn lässt.

Doch zurück zum Damals! Plötzlich fing ich an, ernstlich Musik zu studieren und vier Stunden täglich Klavier zu üben. So war es kein Wunder, dass ich schon bald „Hänschen klein" völlig fehlerfrei mit *zwei* Fingern spielen konnte!
Mein größter Erfolg aber war „Die Schlacht bei Leipzig"! Sie ging so: Ich setzte mich mit aller Kraft und dem Hinterteil auf die verschiedensten Stellen der Klaviatur, wodurch ich den Donner der Geschütze und die Einschläge der Granaten *treffend* demonstrierte! Der Leser muss zugeben, dass ich schon damals recht *vielseitig* war …

Die Schulzeit

Von ihr schweige ich lieber …

Dass ich aber elf Jahre in der Sexta gesessen und dann geheiratet hätte – nämlich die Lehrerin, ist ein Gerücht, dem ich mit aller Schärfe entgegentreten muss!!!

Nachtrag

Nachtragend – ohne nachtragend zu sein – möchte ich hier einer Episode gedenken, die mich fast das Abschlusszeugnis gekostet hätte – was furchtbar gewesen wäre, weil ich es nie gebraucht habe …

Nach langen Irrfahrten – mein Papa dirigierte ja jedes Jahr an einem anderen Stadttheater – versuchte ich schließlich die mittlere Reife zu erlangen, was mir aber erst gelang, als ich überreif war. Und da geschahs denn, dass ich zum dritten und letzten Mal geraubt wurde – nun wieder einmal von Mütterchen!

Mit zwie-, ja, mit fast einspältigen Gefühlen trat ich die Rückreise in meine Heimat an: Sollte ich doch dort die Schule beenden!

Riga war inzwischen, unter regster Anteilnahme der ganzen Welt, zur Hauptstadt Lettlands geworden; und um alles Deutsche rigoros auszumerzen, wurde als Erstes Riga in Rīga umbenannt.
Ich trat also in die Obersekunda des Deutschen Gymnasiums ein, gleichzeitig aber auch auf! Und zwar durfte ich dank meiner musischen Fähigkeiten bei festlichen Anlässen, wie Todesfällen und dergleichen, in der Aula die Große Orgel spielen!
Gelegentlich eines lettischen Staatsfeiertages, bei dem wir Deutschbalten resp. Baltendeutschen begeistert mitmachen mussten, improvisierte ich beim Einzug der Schüler in die Aula mit beiden Händen eine ernste Weise, während ich unten mit dem Pedal – kunstvoll verwoben – „Ein Paradies am Meeresstrand“ von Paul Abraham, dessen Operette „Blume von Hawaii“ (auf lettisch hieß sie „Havajas puke“) ich tags zuvor in der Lettischen Nationaloper gehört hatte, erklingen ließ.
Obwohl ich diese bekannte Melodie nur mit Füßen getreten hatte, bekam sie mein Lehrkörper in

den falschen Hals – aber leider ins richtige Ohr, und so sollte ich denn kurzerhand relegiert werden! Mein schärfster Wider- und immer Widersacher war der sittlich entrüstete Musiklehrer! Nur dank der Musikalität und des Humors meines Religionslehrers, der sich mit der ganzen Wucht seiner Persönlichkeit für mich einsetzte, durfte ich die Anstalt bis zum bitteren Ende auskosten …

Nächtlicher Besuch

Mit zwanzig Jahren begann ich zu handeln – und zwar mit Noten und Klavieren.
Das lag nahe – das großväterliche Musikgeschäft. Nur ein paar Minuten zu Fuß – und ich befand mich inmitten hehrster Kunst, dachte ich!
In Wirklichkeit ist es völlig Wurst, ob man mit Käse handelt oder mit Musik: Immer kauft man billiger ein, um teurer zu verkaufen.
Als ich diese meine rein persönliche Meinung in aller Öffentlichkeit preisgab, verhüllte mein von hanseatischem Kaufmannsgeist erfüllter Großvater sein Haupt!
Er beruhigte sich erst, nachdem ich ihm eines Tages eröffnet hatte, ich würde den *Ratten*, die seit je und eh ausgerechnet den kostbaren, in Leinen gebundenen Notenwerken auf den Leim gingen, zu Leibe rücken!
Die Jagdleidenschaft und eine alte Flinte hatte ich von Onkel Harry geerbt. Er war ein Nimrod, obwohl seine Hände beim Zielen immer gewaltig zitterten – aber nicht, weil er vorm Knall Angst

gehabt hätte oder weil ihn fror – nein, weil seine Hände *immer* zitterten.

Doch wie alles sein Gutes hat, so hatte auch dieses an sich lästige Leiden lustige Vorteile: Gelang es Onkel Harry doch zuweilen, durch sein Zittern eine über das normale Maß hinausgehende Streuung des Schrotes zu erzielen. Manchmal fühlten sich durch *einen* Schuss – und das ist keine Ente! – gleich drei bis vier Exemplare dieses Geflügels getroffen und gingen gleichzeitig zu Boden …

Ich aber ging in den Keller, holte die Flinte und begab mich eines Sonntagabends ins Geschäft. …

Es muss ungefähr Mitternacht gewesen sein – ich hatte kaum ein paar Stunden bequem in Großvaters Lehnstuhl, den ich seinem Büro entlehnt hatte, gesessen – als plötzlich die Tür mir gegenüber sich zu öffnen schien und ein langer, gepflegter Vollbart eintrat – mit einem älteren Herrn dran.

„Ges-tatten Sie“, sagte der Vollbart, „mein Name ist *Johannes Brahms!* – S-töre ich?“

„Aber nicht im Geringsten, verehrter Meister!

Weder stören Sie mich, noch stört mich Ihr Hamburger Dialekt!", rief ich aus.

„Ach, hören Sie mir bloß mit Hamburg auf! Diese S-tadt hat sich bis jetzt recht undankbar gezeigt: Kein Platz, keine Brücke ist nach mir benannt worden! Nur so eine müde Allee, in die kaum ein Mensch kommt – – –"

„Das kommt vielleicht daher", wagte ich einzuwenden, „weil Sie, statt Ihre *Heimatstadt* zu besingen, lieber *Ungarische Tänze* komponiert haben! – Sehen Sie, Ihr Kollege Rimskij-Korsakow zum Beispiel, der Ihnen nicht das Wasser der Newa oder eines anderen russischen Flusses reichen kann und mit Hamburg nicht das Entfernteste zu tun hat – dazu lebte er viel zu entfernt –, widmete immerhin Ihrer Stadt seinen berühmten *Hummel*flug!"

„*Mors!*", knurrte Brahms, „da mögen Sie in etwa recht haben, junger Mann! Aber eine Frage hätte ich noch: Wie verkauft sich eigentlich mein Wiegenlied *Guten Abend, gut Nacht?*"

„Das von Mozart verkauft sich besser!", erwiderte ich wahrheitsgemäß, worauf er, angewidert sein mächtiges Haupt schüttelnd, murmelte: „Natürlich! Weil da ein Prinzchen vorkommt." Und langsam und völlig löste er sich in Nichts auf …

Auch ich war völlig aufgelöst! – Aber nicht lange!! Denn schon wieder wurde die Tür aufgerissen, und ziemlich abgerissen stürzte – wahrhaftiger Gott! – *Ludwig van Beethoven* herein!

„Na, noch so spät auf?", fragte ich etwas vorlaut. Aber obwohl scheinbar anwesend, war er anscheinend abwesend! Er kritzelte Noten in sein Notizbuch und summte eine Melodie, die ich nicht kannte. Dabei war sie von Beethoven …!

„Was wird denn das, wenn es fertig ist?", wollte ich wissen. Er beachtete mich jedoch nicht – bis es mir wie Schuppen von den Haaren fiel: Er kann ja nicht *hören*, der Arme! Und mit solch schlechtem Gehör komponiert er so gute Sachen!

Und unsere zeitgenössischen Komponisten hören so *gut!* Und …

Während ich diesen Gedanken noch weiter ausspann, spannte Beethoven seinen Regenschirm auf, flog durchs Fenster und genau dem Mondschein entgegen, wo ihn schon seine Sonate erwartete …

Ich saß inzwischen erwartungsvoll da und dachte, wer kommt nu?!

Und da kam einer, den ich am wenigsten hier erwartet hätte – nämlich Goethe!!

Was wollte Goethe in einem Musikgeschäft, er, der von Musik genauso viel verstand wie ein Igel vom Zähneputzen? Weiß Gott, er passte hierher; wie der Faust aufs Auge …

„Guten Abend, Herr Geheimrat!“, sagte ich höflich.

„Nun, auch Sie verwechseln mich leider! Ich bin Hauptmann!“

„Ach so! Aber wenn Sie in Zivil sind, kann man das nicht so sehen!“

„Sie irren abermals! Ich bin *Gerhart Hauptmann**! Ich bin hergekommen – vor Sonnenaufgang natürlich –, um meine unartigen Kinder zur Ordnung zu rufen! Sie haben, wie ich hörte,

* *Vergl. „Hauptmann Gerhart“, (Klassisches aus heiterem Himmel, S. 54)*

in Ihrem Geschäft viel Unheil angerichtet, *die Ratten?*"

„Jawohl, Herr Hauptmann!"

„Na, dann will ich mal mit ihnen reden! Im Keller unten!"

Während er langsam versank, als wollte er es seiner „Versunkenen Glocke" gleichtun, versank auch ich – in einen tiefen, jetzt traumlosen Schlaf, aus dem mich erst die Glocke der Registrierkasse erweckte …

Einladungen

In Deutschland wird die Moral immer groß geschrieben – auch aus sittlichen Gründen. Hauptsächlich aber wegen der Rechtschreibung, die dir befiehlt, Hauptworte, auch wenn sie dir unwichtig erscheinen, stets großzuschreiben. In meiner Heimat jedoch war es ganz schlimm! Nie wäre es dir möglich gewesen, allein mit einem Mädchen ins Kaffee, Kino oder gar zum Tanzen zu gehen, ohne dass ihr tags darauf als verlobt galtet. Und das war gefährlich!

Um nun heiratsfähige Töchter trotzdem an den vorsichtigen Mann zu bringen, wurdest du als Junggeselle oft und gern von Töchter habenden Familien nach Hause eingeladen. Da es eine Menge derartiger Familien gab, musstest du fast täglich woanders hin …

Manchmal war es sogar ganz gemütlich – besonders dann, wenn der „Schwiegerpapa“ gern einen trank und nun froh war, in dir einen Kumpel gefunden zu haben. Nach dem Abendessen, wo dir von der Mama die Vorzüge der betreffenden Tochter aufs Butterbrot geschmiert wurden, gingst du mit dem Hausherrn in sein Allerheiligstes, und dort kipptet ihr einen köstlichen Wodka nach dem andern herunter.

Nach dem zehnten Schnaps taute selbst der eiskälteste Vater auf und meinte etwas lallend, seine Tochter sei gar nicht so besonders – sondern ganz im Gegenteil! Und seine Frau erst – oje! Er sei damals auch so einge- und dann verladen worden, und er habe einen Fehler gemacht usw. usw.

Nachdem du zu später Stunde – aber noch nicht zu spät – den Damen des Hauses sämtliche Hände geküsst und vor lauter Wodka nicht mehr wusstest, falls mehrere Töchter anwesend waren, welcher du vorhin eigentlich den Hof gemacht hattest, verschwandest du gesättigt und „satt“ auf Nimmerwiedersehen …

Nun, es gab auch Familien mit zahlreichen Töchtern, die dem Alkohol abhold waren. Da du aber rechtzeitig von deinen Freunden, die da schon mal zu Gast sein mussten, gewarnt wurdest, nahmst du eine Flasche mit, indem du sie wohl verwahrt in deine Manteltasche stecktest.

Während des Abendbrots täuschtest du leichtes Unwohlsein vor und gingst – jegliche Begleitung strikt ablehnend – dorthin, wo dein Mantel hing. Dort zogst du die Flasche heraus und dich dann zurück …

Schon nach ein paar Minuten kamst du in weit besserer Stimmung wieder; denn nun konntest du dich – dich auf deine Magenverstimmung berufend – weigern, den zähen Rehrücken, der dir ebenso hartnäckig auf der Zunge gelegen hatte wie die Bemerkung, du müsstest wohl ein Stück vom Geweih erwischt haben, zu Ende zu essen! Und beim Kompott, von dem die Hausfrau stolz berichtete, sie habe es persönlich eingeweckt – worauf du dir den Einwurf nicht verkneifen konntest, es sei schade, dass sie es wieder persönlich aufgeweckt habe – stattetest du abermals deiner Flasche einen nun etwas längeren Besuch ab.

Sie dankte es dir, indem sie die Stunden schneller verstreichen und deine rhetorischen Fähigkeiten in so hellem Licht erstrahlen ließ, dass deine „Zukünftige“ in ebensolches Entzücken ausbrach …

Und beim Abschiednehmen passierte es dann, dass deine „Schwiegermutter“ allen Ernstes zu dir sagte: „Sehen Sie, mein Lieber, es ging auch ohne Alkohol!“
Worauf auch du gingst und nie wieder eingeladen wurdest, weil man in irgendeiner Ecke deine leere Flasche gefunden hatte …

Bei dieser Gelegenheit möchte ich betonen, dass ich die Frau, mit der ich mich wirklich verlobte – dann sogar auch noch heiratete, und die mir so nach und nach vier Kinder schenkte, dass ich also diese Frau nicht im Suff, sondern im Fahrstuhl kennenlernte.
Wir stiegen gleichzeitig im Parterre ein und drückten – welch Zufall! – beide auf dasselbe Knöpfchen.
Und – unsere gemeinsame Fahrt nach oben ist, so hoffen wir, noch nicht beendet …

Die Rolle

Ich sitze nicht gern im Zug! Sofort bekomme ich einen steifen Nacken – besonders an der Stelle, wo mein Schalk sitzt …
Aber ich sitze gern im Eisenbahnzug.
Als Erstes lege ich meine paar Beine auf den vis-à-visen Sitz, sofern er nicht bereits hinterrücks besetzt wurde, dann meine Stirn in Falten und denke nach. Aber meine Gedanken sind ebenso flüchtiger Natur wie die, die draußen vorbeisaust. Manchmal lese ich auch ein gutes Buch – also nicht dieses – oder schwanke breitbeinig, wie man es bei der Marine lernte, in den Speisewagen, obgleich er eigentlich Speisenwagen heißen müsste, weil ja meist mehrere Speisen angeboten werden. Ich suche zuerst mir eine aus und dann einen Anknüpfungspunkt, um mit meinem Gegenüber ins Gespräch zu kommen; denn nichts ist mir unlieber, als eine durch kluge Gespräche ungewürzte Mahlzeit einzunehmen. Meist gelingt es mir, den Tischpartner für mich einzunehmen – es ist aber auch schon vorgekommen, dass er auf mein „Gu-

ten Appetit" antwortete: „Vielen Dank! Jedoch geht es Sie im Grunde genommen so gut wie fast wenig an, ob ich einen guten Appetit habe oder nicht! Kümmere ich mich etwa um Ihren Appetit?" Also – wenn mir so etwas widerfährt, bleibe ich äußerlich ruhig, aber innerlich schlage ich die Hände überm Kopf zusammen!

Mit zusammengebissenen Zähnen stecke ich die nächstbeste Kartoffel in den Mund und schlucke sie – gemeinsam mit der mir angetanen Kränkung – herunter, wo sie (die Kartoffel) dann beginnt, den Weg allen Fleisches zu gehen …

Und damit bin ich zwar noch nicht am Ziel meiner Reise, wohl aber beim Thema angelangt. –

In der Geschichte, die ich hier aufrollen möchte, spielt eine Rolle eine Rolle!

Ich rollte – es war 1933, in dem Jahr, in dem wir mit *heil*machen anfingen, was dann ab 1939 langsam wieder *kaputt*ging – ich rollte also im Speise(n)-wagen des Zuges Berlin – Rīga durch Litauen. Wir hatten vor kurzem bei Tilsit die Grenze passiert, ohne dass was Bemerkenswertes passiert wäre, als ein Herr mir gegenüber Platz nahm mit einer Miene, als sei gerade einer auf sie getreten, und sie habe vergessen zu explodieren. Beim Eintreffen seiner Suppe wünschte ich ihm routinegemäß „Guten Appetit“, worauf er mich anmurmelte: „Danke, der ist mir vergangen!“ Mein „Warum denn?“ ließ er unbeachtet.

Es verstrich einige Zeit – ich war schon beim Käse –, ehe wir wieder ins Gespräch kamen, und ich erfuhr, dass er Geflügelhändler sei. Nun machte ich einen kleinen Witz, indem ich meinte, dann seien wir ja Berufskollegen, denn auch ich handle mit Geflügeln – allerdings nicht mit Hühnern und Gänsen, wohl aber mit Bechstein und Blüthner.

Er blieb ernst wie die litauische Landschaft, die an uns vorüberkroch. Schließlich fragte ich ihn, wie schwer eigentlich ein Truthahn werden könne und was ein Pfund koste? „Zwanzig Mark!“, erwiderte er. Vor Erstaunen verhedderte sich der Tilsiter in meinen Zähnen. „So teuer? Das ist doch nicht möglich!“ – „Doch! – Glauben Sie mir“, fuhr der Herr fort und sich gleichzeitig durchs Haar, „ich hatte zweihundert Pfund bei mir!“ – „Um Himmelswillen“, rief ich aus, „das sind ja mindestens zwanzig Truthähne, wenn man pro Truthahn zehn Pfund rechnet! Konnten Sie denn die alle tragen?“ – „Ach was“, flüsterte der Geflügelhändler, „ich meine natürlich zweihundert englische Pfund, die mich zweihundertmal zwanzig, also viertausend Mark gekostet hatten!“ – „Nun verstehe ich“, warf ich a tempo ein und die Käserinde aus dem Fenster, „Sie wollten Devisen – – – !“ „Pst, Feind hört mit! Sie wissen ja, wie streng die Zöllner und ihre Bräuche sind!“ – „Wem sagen Sie das“, entgegnete ich errötend; denn auch mein Gewissen war unrein, wie ein Kind vor dem Bad am Samstagabend!

Nun nahm mein Gegenüber den Daumen aus der Nase, dann einen Schluck aus dem Bierglas und endlich wieder das Wort, indem er erzählte: „Kurz vor der Grenze ging ich auf die Toilette und auf die kleine Rolle zu, die in diesem Raum eine so große spielt. Ich rollte sie fast völlig ab und dann wieder auf, eine Pfundnote nach der anderen fein säuberlich in sie hineinlegend – und damit auch die Devisenkontrolleure, wie ich glaubte. Nachdem ich die gesamten zweihundert Scheine auf diese an sich empfehlenswerte Weise unsichtbar gemacht hatte, suchte ich das Weite und mein Abteil auf. Hier harrte ich in Ruhe der Dinge, beziehungsweise der Zöllner, die nun kommen würden.

Sie kamen auch, sahen und gingen …

Kaum hatte sie der Zug ausgespien und sich wieder in Bewegung gesetzt, tat ich dasselbe. – Ich betrat den stillen Raum – – –

Sie können sich mein grenzenloses Entsetzen vorstellen, als ich feststellen musste, dass mit dem Grenzwechsel auch ein Rollenwechsel stattgefunden hatte! Die reichsdeutsche Rolle mit meinen Pfunden und dem Aufdruck GARANTIERT 400 BLATT war weg – dafür hing da eine litauische, die mich unbeschriftet und inhaltslos anstierte …

Nun werden Sie sicher verstehen, weshalb ich keinen rechten Appetit habe, nicht wahr?“

Wie ich zur Marine kam

Am 16. November 1941 zog ich aus; denn man zog mich ein!

Eigentlich sollte ich schon im September einrücken, aber es gelang mir; wieder auszurücken – und das kam so:

Als der Gestellungsbefehl mit der ersten Post eintraf, ging ich unbehänden Fußes zum zuständigen Wehrbezirkskommando in Berlin-Halensee. Man fragte mich, ob ich Tiere möge. „Natürlich“, sagte ich, „hauptsächlich Katzen und Hunde!“ Und wie es mit den Pferden sei? „Aber sicher“, antwortete ich unsicher; denn mit Pferden hatte ich bislang nichts zu tun gehabt.

„Gut! Dann also Bespannte Schwere Artillerie in Küstrin!“ … Na, Sie können sich ja denken, wie mir zumute war …

An einem herrlichen Septembertag morgens um fünf nahm ich Abschied von Weib und Kind, dann mein Pappköfferchen, darauf mich zusammen und schlich mannhaft zur S-Bahn.

Je näher der befohlene Versammlungsplatz heranrückte, desto mehr Väter, Mütter, Schwestern, Brüder, Bräute und Ehefrauen stiegen in Begleitung ihrer einrückenden Helden zu. Wir mussten richtig zusammenrücken!

Mit dem Pappkarton in der Hand und mehreren Klößen im Hals betrat ich betreten den bewussten Platz, und schon wurde ich von einem Wald- oder Wiesenwebel – es kann aber auch ein Feldwebel gewesen sein – angeschrien, wo ich denn hinwolle!!??!!

Erst zuckte ich am *ganzen* Körper zusammen, dann bloß mit der Schulter und zeigte ihm die Einladung, die mit den Worten begann: Sie haben sich usw. usw. „Der große Haufen da rechts!“, brüllte der Webel, und ich wankte davon.

Da ich von Hause aus recht schüchtern bin, stellte ich mich ganz bescheiden ans äußerste Ende des „Haufens“ und wartete. – Plötzlich stand wie aus dem Boden gestampft ein Leutnant vor uns und befahl: „Abzählen!“

Das klappte eigentlich schon ganz nett; bloß die Nummer dreizehn war abergläubisch und rief: „Zwölf a!“

Ich war der Dreiundsiebzigste und, wie gesagt, der Letzte. Kaum hatte ich meine Zahl heraus, als der Leutnant rief: „Die letzten drei wegtreten! Ich brauche nur siebzig!“ Nie werde ich den traurigen Blick der Nummer Dreizehn vergessen – hatte ihm doch der dumme, dumme Aberglaube nichts geholfen …

Wie ich nach Hause kam, weiß ich nicht mehr; ich weiß nur; dass ich zum ersten Mal in meinem Leben einen Kopfstand machte, der sogar auf Anhieb gelang, und dass meine Frau mich lange ansah – erst ent-, dann begeistert!

Am gleichen Abend stand ich wieder strahlend auf der Bühne des ›Kabaretts der Komiker‹ und hatte zehn Hervorrufe – was mich nicht weiter verwunderte, ist doch zehn die Quersumme von dreiundsiebzig …

Aber schon im Oktober kam der nächste Gestellungsbefehl – diesmal mit der zweiten Post.

Und wieder begab ich mich zum Wehrbezirkskommando. Mit dem festen Vorsatz, Pferde, ja auch Hunde und Katzen völlig abzulehnen, betrat ich es.

„Treiben Sie Sport?", lautete diesmal die Frage. Schlau, wie ich nun einmal bin, antwortete ich: „Nein, überhaupt nicht!" – „Können Sie radfahren?" Nun, das war meine große Leidenschaft – also sagte ich: „Jawoll!"

„Schön! Dann kommen Sie zu den Radfahrern nach Brandenburg!"

Mir war auch nicht viel wohler als das erste Mal ... Wieder war es fünf Uhr morgens, als Pappi mit der Pappschachtel loszuckelte. Diesmal nahm ich die U-Bahn ...

Ein riesiger Kasernenhof verschluckte mich, und wieder umzingelten mich wehklagend fremde Angehörige, aber – und das war mir ebenso fremd – kein Dienstgrad schrie mich an! Im Gegenteil! Man fragte mich freundlich, wohin es mich zöge, worauf ich – wie gehabt – den bekannten Schein vorwies. „Nach links, bitte, da, wo der kleine Haufen steht!" Aha, dachte ich beim Anblick der paar Radfahrer; es scheint doch nicht so viele davon zu geben, wie allgemein behauptet wird ...

Ich gesellte mich also zu ihnen.

Plötzlich steuerte ein Offizier auf uns zu und

musterte uns leutseligen Auges. Als sein Auge – ich glaube, es war das rechte – auf mir zu ruhen geruhte, stutzte er und trat auf mich zu: „Sind Sie nicht dieser Klavierhumorist, über den ich noch gestern im ›Kabarett der Komiker‹ so herzlich gelacht habe?“ – „Jawohl!“, erwiderte ich, so gut es mir die Klöße im Halse gestatteten. „Machen Sie, dass Sie wegkommen!“, flüsterte er mir zu, drehte sich um und ging.

Und ich auch. Was heißt, ich ging? Ich rannte und rannte…! Selbst ein Radfahrer hätte Mühe gehabt, mich einzuholen …

Ausgerechnet am 11.11. musste ich wieder zum Wehrbezirkskommando. „Diesmal aber“, sprach ich zu mir, „bist du nicht so dumm! Weder kannst du radfahren, noch bist du tierlieb, kurz, du kannst und bist gar nichts!“

So gerüstet betrat ich die mir schon lieb gewordenen Räume …

Der Wehrbezirkskommandant begrüßte mich, als seien wir Freunde: „Na, mein Lieber, hat es das letzte Mal wieder nicht geklappt?“ – „Nein, leider!“ – „Nun, man hört ja so allerhand von

Ihnen! ‚Kabarett der Komiker' und so! Was machen Sie da eigentlich?" – „Ich singe Chansons und begleite mich selbst am Klavier." – „So, Sie können Klavier spielen? Das ist ja großartig! Das Musikkorps der Kriegsmarine in Stralsund sucht einen Klavierspieler. Für was die den brauchen, weiß ich nicht! Die werden doch nicht, wenn sie durch die Stadt marschieren, ein Klavier vorneweg schieben?! Ha-ha-ha! Ist ja auch egal! Hätten Sie Lust?!"

Na und ob! Und so kam ich als Nichtschwimmer und Brillenträger zur Marine …!

Weihnachten 1944

(Als ich keinen Urlaub bekam)

Wenn es in der Welt dezembert
und der Mond wie ein Kamembert
gelblich rund, mit etwas Schimmel
angetan, am Winterhimmel
heimwärts zu den Seinen irrt
und der Tag stets kürzer wird –
sozusagen wird zum Kurztag –,
hat das Christkindlein Geburtstag!

Ach, wie ist man dann vergnügt,
wenn man einen Urlaub kriegt.
Andrerseits, wie ist man traurig,
wenn es heißt: „Nein, da bedaur' ich!"
Also greift man dann entweder
zu dem Blei oder der Feder
und schreibt schleunigst auf Papier
ein Gedicht, wie dieses hier:

Die Berge, die Meere, den Geist und das Leben
hat Gott zum Geschenk uns gemacht;
doch uns auch den Frieden,
den Frieden zu geben,
das hat er nicht fertiggebracht!
Wir tasten und irren, vergehen und werden,
wir kämpfen mal so und mal so …
Vielleicht gibts doch richtigen
Frieden auf Erden?
Vielleicht grade jetzt? – Aber wo? …

Die Mitte

Ein kleines Verslein kam gegangen
und hat zu sprechen angefangen:
„Ich bin an deinem Tisch gewesen
und hab dein Manuskript gelesen:
Der Anfang ist ein wenig schwach,
dafür lässt dann das Ende nach.
Ich sei, gewähre mir die Bitte,
in deinem Buch deshalb die Mitte!“

Alte Weisheit

„’s ist schlimm,
wenn man alt wird“, das Alter spricht,
„aber schlimmer ist es,
man wird es nicht!“

Eine verfahrene Geschichte

Ich sah dich in der Straßenbahn,
sah dich von allen Seiten an,
doch du, mein Schatz, du
machtest dir nichts draus!
Ich bot dir meinen Sitzplatz an,
weil ich ja auch mal stehen kann,
doch du, du sagtest „danke“ und stiegst aus!

Dies „danke“, oh, gab mir den Rest …
Du bists, die mich nicht schlafen lässt!

Nun fahr ich mit der Straßenbahn,
wann immer ich nur fahren kann,
doch leider, Schätzchen, treffe ich dich nie!
Mich fragte schon die Schaffnerin,
ob ich wohl nicht bei Troste bin,
doch was, ich bitte Sie, versteht denn die?

Vor Kummer bin ich schon ganz dumm …
Vielleicht ists besser, ich steig um?

Nun fahr ich mit dem Autobus,
wann immer ich nur fahren muss,
doch leider werd ich deiner nicht gewahr!
Bist du am Ende gar erkrankt?
Vielleicht verreist? Bist du in Sankt
Maurice, läufst Ski und abends in die Bar?

Werd ich nicht bald *verrückt* vor Qual,
dann bin ich wirklich nicht *normal!*

Der ewige Kreislauf

Wie entsteht eigentlich eine Rede? Zunächst hascht man sich einen Gedanken. Das dauert oft länger, als einem lieb ist. Hat man ihn dann endlich, ist er nackt und bloß; deshalb muss man ihn kleiden, und zwar in Worte. Nun beginnt man im Laufe der Rede, Worte zu verlieren. Schließlich fehlen sie einem, und dann muss man nach den Worten suchen, bis man welche gefunden hat. Hat man endlich wieder Worte gefunden, gehen sie einem aufs Neue verloren usw. usw …

Ein ewiger Kreislauf ist so eine Rede, und ihre Länge steht oft in keinem Verhältnis zu der Länge ihrer Gedanken.

Verdrehte Welt

Während die Schwarzen die Busen verhüllen,
zeigen wir alles, was nötig zum Stillen.

Wodurch auf der Zunge die Frage uns prickelt,
wer ist denn nun eigentlich unterentwickelt?

Fast eine Fastenkur

Alte Brötchen. Saure Weine.
Ein Salatblatt. Guss auf Beine.
Hunger nagt im Magen-Sektor.
Und er knurrt. Wie draußen Hektor.

Will nicht mehr gesund und schlank sein!
Will dann lieber dick und krank sein!

Kehrt zurück, ihr großen fetten
Schnitzel oder Schweinskotletten
und auch ihr, ihr Leibbeschwerden!

Bin es satt, nie satt zu werden!

Eine Beobachtung

Herrn, die allein, aber dafür zur späten
Stunde, eine Bar oder so was betreten,
reiten meist ein und dieselbe Masche:
Eine Hand steckt in der Hosentasche!

Ist das nun einfach Verlegenheit
oder ein Akt von Verwegenheit?
Wissen sie nicht „mit den Händen, wohin"
oder solls heißen „seht her, wer ich bin"?!

Möglich ist auch: Diese Herren von Welt
zähl'n noch mal heimlich ihr Taschengeld …

Milch

Es bot der arme Trödlersmann
dem Grafen ein Gemälde an,
das zeigte farbig, froh und frisch
zwei Gläser Milch auf einem Tisch.
Der das gemalt, war namenlos –
das Bild dagegen rahmenlos.

Da sprach der Graf zum Trödlersmann:
„Was fang ich ohne Rahmen an?
Der Rahmen ist das A und O –
für dieses Machwerk sowieso!
Und dann der Preis! Ganz unerhört!
So viel sind zwei Glas Milch nicht wert!
Und außerdem fehlt, wie ich sag,
der Rahmen! Also – guten Tag!“

Da packte unser Trödlersmann
das Bild ein und sprach traurig dann:
„Wie doch ’s Interesse gleich erlahmt
an Milch, ist sie, wie hier, entrahmt!“

Aphorismen

*Eitle Männer sind wie Kleiderständer,
an denen nichts hängt.*

*Eine Frau, die vor ihrem Mann keine
Geheimnisse hat, hat entweder keine
Geheimnisse oder keinen Mann.*

*Wenn der Kragen am Hemd nicht sitzt,
handelt es sich häufig um einen Stehkragen.*

*Für einen Vegetarier ist Fleisch
eine verbotene Frucht.*

*Der schläft gut, der nicht weiß,
wie schlecht er schläft.*

Schöne Aussichten

Ich habe ein Fenster im Zimmer
(das Fenster, das hatt' ich schon immer),
doch lohnte es nie, zum Fenster zu gehn,
denn meine Aussicht ist gar nicht so schön:
nur eine Mietskaserne!

Doch wie ich neulich, ganz aus Versehn,
kam in die Nähe vom Fenster zu stehn,
bemerkte ich plötzlich schräg vis-à-vis
ein weibliches Wesen so schön wie noch nie!

Nun guck ich ziemlich gerne …

Was wär …

War wär ein Apfel ohne -sine,
was wären Häute ohne Schleim,
was wär die Vita ohne -mine,
was wär'n Gedichte ohne Reim?

Was wär das E ohne die -lipse,
was wär veränder ohne -lich,
was wären Kragen ohne Schlipse,
und was wär ich bloß ohne dich?

Chor der Müllabfuhr

Kommt! Lasset von Tonne zu Tonne uns eilen!
Wir wollen dem Müll eine Abfuhr erteilen!

Auf! Machen wir, dass jede Tonne sich leere!
Wir sind dazu da, denn wir sind Müllionäre!
Müllirallala, Müllirallala!

Von A bis E

Herr Afeu frug Herrn Befeu:
„Wo bleibt denn bloß Herr Cefeu?“
Da sprach Herr Befeu: „Cefeu?
Der sitzt mit Fräulein Defeu
dort unten hinterm Efeu!“

Kleine Rede am Neujahrsmorgen

Wie Sie sehen, seh ich heute ziemlich blass aus. Das liegt daran, weil meine Freunde und ich uns die vergangene Nacht um die Ohren haben schlagen müssen, um einen lieben Entschlafenen, den auch Sie kannten, zur letzten Ruhe zu geleiten. Nämlich das vergangene Jahr.

Der Verblichene starb an den Folgen seines Todes und zum ersten Mal in seinem Leben. Und obwohl er nur ein Jahr alt wurde, war er schneeweiß geworden. So viel Aufregendes hatte er in seinem kurzen Leben erleben müssen.

Als wir an der Bar standen – ich wollte sagen: an der Bahre standen, wurde es sehr feucht der vielen Tränen wegen, die zu vergießen wir nicht vergessen hatten. Es ist ja auch sehr traurig, wenn jemand, der ein ganzes Jahr lang Tag und Nacht um uns war, und an den wir uns mittlerweile gewöhnt hatten, nun für immer von uns geht.

Der General und sein Hemd

Es wollte der Herr General
ein Unterhemd belohnen,
und er befahl dem Wäscheschrank,
dem Festakt beizuwohnen!
Es traten zum Appelle an
der Hemden bunte Scharen –
mit Ausnahme derjenigen,
die grade schmutzig waren!

Er sprach: „Ich will heut eines Hem-
des Dienste anerkennen
und dieses tapfere Unterhemd
zum Oberhemd ernennen!
Ich habs getragen sieben Jahr,
ich wills nicht tragen länger!
Es wurde mir ein guter Freund,
jedoch am Bauche enger!“

Er steckte ihm den Orden an
vom „Hemdenband mit Schnalle“!
Die Hemden riefen, was man ruft
dreimal in solchem Falle:

„Hurra! Hurra!“, und nochmals: „Rra!“
Das Oberhemd sprach: „Danke!“,
und dann verschwands im höheren
Regal vom Wäscheschranke!

Bäume im Wald

Bäume, die lange zusammenstehen,
können sich bald nicht mehr riechen und sehen,
weshalb oft Tannen, ja manchmal selbst Eichen
wünschen, sie könnten ganz heimlich entweichen;
doch – da sie fest mit dem Erdreich verbunden
kraft langer Wurzeln, die man unten gefunden,
und deshalb stehn müssen stramm wie Soldaten –
müssen sie leider des Wunsches entraten.

Gerüchte um Gerichte

Es gibt Gerüchte,
dass Hülsenfrüchte –
in Mengen genommen –
nicht gut bekommen.

Das macht ja nichts, ich finde das fein!
Warum soll man nicht auch mal ein Blähboy sein?!

Das Echo

Das Echo liegt im Felsenspalt
und schläft, mit Schnee bedeckt.
Solang es Winter ist und kalt,
wird es nicht aufgeweckt.

Doch wenn der Schnee geschmolzen ist,
du, lieber Enzian, grünst,
und mutig jodelt der Tourist,
hats Echo wieder Dienst.

Düsenlärm

Früher hatte man mit kranken Drüsen
oft zu tun –
heute lassen uns die lauten Düsen
nachts nicht ruhn!

Wie soll uns bei den Getösen
Schlaf erlösen!
Oder auch nur:
Wie soll man bei diesen bösen
Düsen dösen?

Der Mathematiker

Es war sehr kalt, der Winter dräute,
da trat – und außerdem wars glatt –
Professor Wurzel aus dem Hause,
weil er was einzukaufen hat.

Kaum tat er seine ersten Schritte,
als ihn das Gleichgewicht verließ,
er rutschte aus und fiel und brach sich
die Beine und noch das und dies.

Jetzt liegt er nun, völlig gebrochen,
im Krankenhaus in Gips und spricht:
„Ich rechnete schon oft mit Brüchen,
mit solchen Brüchen aber nicht!“

Aphorismen

Das Erste, was man bei einer
Abmagerungskur verliert, ist die gute Laune.

Bei der Behörde ist es genau wie
beim Theater: ein paar arbeiten,
und die anderen schauen zu.

Noch zwei Tage, und das Morgen
hat vor 24 Stunden begonnen.

Freunde, hütet euch vor diesen, die
da husten, wenn sie niesen! …

Manche Menschen wollen immer nur
glänzen, obwohl sie keinen Schimmer haben.

Geschmack

Leute, die etwas vermögen, erwerben sich oft ein solches.

Aber je unverständlicher ein Werk ist, desto höher bewertet man es und befreit es sogar von der Vergnügungssteuer, wohl deshalb, weil es dem Hörer meist kein Vergnügen bereitet, einem solchen Werk beizulauschen.

Übrigens gibt es viel mehr traurige als fröhliche Werke, und das ist eigentlich traurig, denn man macht ernsthafte Dinge nicht dadurch fröhlicher, indem man sie ernsthaft behandelt. Nur fröhliche Dinge sind es wert, ernsthaft behandelt zu werden.

Ein ernsthafter Andersdenkender wird nun zuerst sich empört vom Sitz, dann seine Stimme und schließlich Einspruch erheben. Aber die Meinungen über Geschmack sind nun einmal schwerer unter einen Hut zu bringen als die Völker der Schweiz, die vor vielen, vielen Jahren vor einem Hut den Hut oder die Konsequenzen haben ziehen müssen. Wie dieser Wilhelm Tell, der bekanntlich in den sauren Apfel biss, indem er durch ihn hindurchschoss.

Ob nun sauer oder weniger sauer – es ist zum Schießen, wie verschieden der Geschmack ist, besonders was die Hörspiele betrifft, die ja regelmäßig wiederkehren wie die braven Hausfrauen, die auch regelmäßig wieder immer wieder kehren, bis die gute Stube glänzt, wie meine Hose oder wie das wahre Glück durch Abwesenheit.

Am Kamin

Es gibt recht viele, die noch immer
vom englischen Kamine schwärmen.
Er kann so leidlich zwar das Zimmer –
doch ich mich nicht für ihn erwärmen.

Wenn ich vor solchem Möbel sitze
– ich muss das wirklich mal erwähnen –
so hab ich vorne große Hitze
und klappre hinten mit den Zähnen. –

Sitzt du jedoch bei mir ganz dicht,
legst um mich deinen lieben Arm,
dann gilt das, was ich sagte, nicht –
dann hab ich es auch hinten warm!

Die Turmuhr

Bläst um unsrer Kirche Turm
aus Nordwest ein starker Sturm,
geht die Turmuhr überm Dach
immer nach, immer nach.

Wenn der Sturm sich aber dreht,
von der andern Seite weht,
und man blickt zur Uhr empor,
geht sie vor, geht sie vor.

Bläst jedoch der Sturm voll Zorn
mal ganz anders: mal von vorn,
kann man an den Zeigern sehn,
sie bleibt stehn, sie bleibt stehn.

Wenn der Sturm sich aber legt
und kein Lüftchen sich bewegt,
und man schaut zur Turmuhr flüchtig,
geht sie richtig, geht sie richtig.

Dünne Luft

Ich sitz in fast viertausend Meter Höhe,
doch meine Stimmung ist so ziemlich down …
Die Luft ist dünn, das macht ganz schrecklich
müde –
den Zustand merken Sie an diesem Liede:
Mir ist, als wär vor meinem Kopf ein Zaun …

Doch ohne Zaun klafft dicht vor mir ein Abgrund!
Ist er es wert, dass man ihn überhaupt erwähnt?!
Nun, ich schreib dies Gedicht hin als Etüde …
Die dünne Luft macht wirklich einen müde –
sogar der Abgrund gähnt …!

Der Stein

Fast wär vom Dach ein Ziegelstein
mir auf den Kopf geflogen,
jedoch „es hat nicht sollen sein“:
Er machte einen Bogen.

Dass er das tat, ja, das war gut!
Doch hat der Fall bewiesen:
Man sei beständig auf der Hut
und geh nie ohne diesen!

Baltische Aufforderung*

Schatzchen! Komm mit mir auf Wiese,
Sonnchen strahlt und Blume sprießt!
Übern Arm nimm Schirm und Mantel,
falls der Fall kommt, dass es gießt!

Unter uns wird Mantel liegen,
unterm Schirm, da werden wir.
Keiner kann dann nichts was hören,
was ich sag – und was du mir …

* geeignet ab 18

Die Pointe

Am meisten Freude macht es mir,
die Pointe zu verstecken
und dann zu sehen, wie es dir
gelingt, sie zu entdecken.

Wie dir beim Lesen erst der Mund
zuckt, dann der Augen Falten
sich tiefer graben, und
– du kannst nun nicht mehr an dich halten –
du lachst und lachst
und machst
mich damit froh!

So,
das wärs, was ich mit der „versteckten Pointe“
meine …

Doch lach noch nicht;
denn dies Gedicht
hat keine!

Ampeln

1

Wir hatten einst – die Zeit ist tot –
als Landesfarben Schwarz-Weiß-Rot.

Dann hat man sie nicht mehr gewollt,
und wir bekamen Schwarz-Rot-Gold.

Doch diese übersieht man fast
in unsrer Zeit voll Kampf und Hast.

Die Farben, die sich heute ziehn
durch unser Sein, sind Rot-Gelb-Grün.

2

Wenn wir uns ans Steuer setzen,
um zum Arbeitsplatz zu hetzen,
können wir nur höchstens schleichen,
denn uns hindern viele Zeichen.

Ganz besonders sinds die Ampeln,
die auch Radfahrer beim Strampeln
und selbst Fußgänger, die gemsen-
gleich hinüberwollen, bremsen.

Vom Direktor bis zum Penner
sind wir nichts als Ampelmänner!

3

Dort, wo eine Kreuzung droht,
hat man selten Grün, meist Rot.
Und so schön das Rot auch schien,
man ist diesem Rot nicht grün.

Doch wenn Grün kommt, und man kann,
hat der liebe Vordermann
– solche Fälle sind verbürgt! –
seinen Motor abgewürgt.

Bracht in Gang er endlich ihn,
und man kann, ist nicht mehr Grün.
Schuld ist vorne der „Idiot“! –
Bis man Grün hat, sieht man rot!

Der Strohhut

Er hatte etwas blaues Blut
und Schmisse auf den Backen.
Der Strohhut aber stand ihm gut,
trug er ihn keck im Nacken.

Und tanzte er nach „In The Mood“,
stand er auf fremden Füßen.
Der Strohhut aber stand ihm gut,
nahm er ihn ab beim Grüßen.

Er sagte statt „Statut“ – „Schdadut“,
er war nämlich aus Sachsen.
Der Strohhut aber stand ihm gut –
wie aus dem Kopf gewachsen.

Die Mauritius

Herr Heinrich Franz von Ohnegleichen,
der sammelte gern Postwertzeichen
mit Zähnen und mit glatten Rändern
aus Übersee und andern Ländern
und klebte sie – alle vereinigt,
jedoch geordnet und gereinigt –
ins Album, wie man das so muss!
Nur fehlte die Mauritius!

Was hatte er nicht unternommen,
um diese Marke zu bekommen!!!
Ja, selbst als er der Minne frönte
mit Minna, die ihn arg verwöhnte,
so fragte er bei jedem Kuss:
„Hast du nicht die Mauritius?"

Bald brachte beiden Adebar
ein Kind, das zwar ein Mädchen war,
doch Heinrich fasste den Entschluss:
„Die nennen wir Mauritius!

Gewiss, der Name passt nicht recht
für 'n Kind von weiblichem Geschlecht –
doch sei 's! Zu End sei der Verdruss:
Ich hab eine Mauritius!" –
Sehr früh schon ging das Mädchen gern
in Bars, damit es tanzen lern
und dadurch körperlich erstarke!
Na, sie wurde vielleicht 'ne Marke – – –

Fußball 1

Ein Lateiner sagte einmal: „Wer die Waden hat, braucht für den Sport nicht zu sorgen!“ Womit zweifelsfrei bewiesen ist, dass man schon in alten Zeiten dem Fußballspiel gefrönt hat.

Glücklicherweise gibt es heute nur wenige, die für diese Sportart nichts übrig haben. Sie stehen abseits – und gerade das ist beim Fußball streng verboten! Man muss immer am Ball bleiben, immer hinter ihm herrasen. Deshalb zählt man den Fußballsport auch zu den Rasenspielen.

Aber wenn dieses schöne Spiel auch Fußball heißt, so darf man es nicht nur mit dem Fuß, sondern muss es auch mit dem Kopf spielen. Leider ist in der Regel diese Regel wenig bekannt, und wir wollen nur hoffen, dass bei unseren nächsten Länderspielen dieser vernachlässigte Körperteil wieder zu seinem Recht kommt.

Fußball 2

Vierundvierzig Beine rasen
durch die Gegend ohne Ziel,
und weil sie so rasen müssen,
nennt man das ein Rasenspiel.

Rechts und links stehn zwei Gestelle,
je ein Spieler steht davor.
Hält den Ball er, ist ein Held er,
hält er nicht, schreit man: „Du Toooor!“

Fußball spielt man meistens immer
mit der unteren Figur.
Mit dem Kopf, obwohls erlaubt ist,
spielt man ihn ganz selten nur.

Oben ohne

Natur ist immer dort sehr schön,
wo Bäume ihr zu Berge stehn,
und wenn der Wind behutsam leicht
wie 'n Kamm durch diese Bäume streicht.

Doch wo die Berge kahl und steinig,
da ist nichts los! – Sei'n wir doch einig,
dass Schönheit meistens nicht viel zählt,
wenns oben fehlt!

Zweifel

Nein, nicht jeder Filmakteur
treibt mit dem Talent Verschwendung,
und nicht jeder Fernsehstar
glaubt an sich und seine Sendung.

Mancher Ofen heizt die Luft
überm Haus und drinnen rußt er,
mancher wird ein Diplomat
und bleibt trotzdem nur ein Schuster.

Mancher Käpt'n, der zur See
schiffen möcht, kahnt auf der Weser,
mancher hadert mit dem Sein
und dem Ich. Und du, mein Leser?

Aphorismen

Es hat keinen Sinn, den Brunnen auszuschütten, wenn das Kind verbrannt ist.

Viele Menschen lassen gute Ratschläge
links im Papierkorb liegen, den
man ihnen höher hängen sollte.

Es ist nichts so fein gesponnen,
wie es gekocht wird.

Seien Sie nicht so kindisch, Albermann!

Viele Menschen scheinen aus dem
linken Bett zuerst aufgestanden sein.

Kennst du den Ort?

Kennst du den Ort, wo es stets muffig riecht?
Dir feuchte Kälte in den Anzug kriecht?
Wo stolze Flaschen stehen voll des Weins?
Wo Dosen dösen mit dem Schmalz des Schweins?
Wo Spinnen kunstgerecht die Wand „benetzen"
und wo kein Stuhl ist, sich mal hinzusetzen?
Wo Kohlen frierend in der Ecke liegen?
Wo die Kartoffeln edle Keime kriegen,
die Waschmaschine wäscheharrend steht
und wo des Wassers Haupthahn leise kräht?
Kennst du den Ort? O Fremdling, sprich!!
Du kennt ihn nicht? – Nun, aber ich!

Windmühlen

Schon seit den Tagen Don Quichottes
gibts Windmühlen; doch leidergotts
sind sie, wie es so manchmal geht,
fast überall vom Wind verweht.
Man sieht sie äußerst selten drum,
und wenn, dann stehn sie nur herum.
Sie werden zwar noch gern *gemalt;*
doch *mahlen* macht sich nicht bezahlt!
Wer kauft noch *Mehl,* wenn morgens man
sich fert'ge Brötchen kaufen kann?
Auch alle übrigen Gebäcke
kriegt man beim Bäcker um die Ecke.

Drum mache man, ob Greis, ob Kind,
um Windmühlen nicht so viel Wind!

Erkenntnis

Man hat vor Jahren festgestellt,
dass unsre liebe, schöne Welt,
auf der wir leben, nicht nur bunt ist,
nein, dass sie außerdem auch rund ist.
Und deshalb sind wir in der Lage
– sowohl bei Nacht als auch bei Tage –
von einer Erdhälfte zur andern
zu fliegen, schwimmen oder wandern,
was ganz unmöglich wär beileibe,
wär unsre Erde nur 'ne Scheibe.

Wobei, wie ihr es sicher wisst,
auf Erden alles Schei-be ist!

Das Fenster

Es traf sich so, dass sie sich trafen.
Er fragte, ob – – –, sie sagte: „Nein,
es geht nicht, meine Eltern schlafen!“
Dann ließ sie ihn zum Fenster rein.

Es zog durchs Fenster … Nun, man schloss es …
Nun zog es nicht mehr … Man genoss es …

Doch als sie sprach: „Geliebter Gangster,
wir sind verlobt, nun bist du mein“,
da sprang er auf und schlug das Fenster
und dann den Weg nach Hause ein.

Bei Opa

Der Opa ist ein frommer Mann
und liest in seiner Bibel.
Die Oma schneidet nebenan
fürs Abendbrot die Zwiebel.
Der Opa ist ein frommer Mann
und weint ob seiner Sünden.
Auch Omama weint nebenan,
jedoch aus andern Gründen.

Der Berg

Hätte man sämtliche Berge der ganzen Welt
zusammengetragen und übereinandergestellt,
und wäre zu Füßen dieses Massivs
ein riesiges Meer, ein breites und tief's,
und stürzte dann unter Donnern und Blitzen
der Berg in dieses Meer – na, das würd spritzen!

Aphorismen

Keine Frau ist so schlecht, dass sie nicht die bessere Hälfte eines Mannes werden kann.

Ein Mann kann eine Frau immer
nur so weit bringen, wie sie will.

Partys sind die Kindergärten
der Erwachsenen.

Fußkranke und Bankdirektoren
schwärmen von Einlagen.

Bei glatter Straße muss man
sechzehn geben – doppelt acht.

Gedanken am Samstagabend

Im Wasser schwimmt der Gummischwamm,
denn heut ist Samstag, und ich bade.
Zwei Zähne fehlen mir am Kamm,
es duftet laut nach Haarpomade. –

Das Wasser tropft ins Abflussrohr,
der Stöpsel scheint nicht gut zu schließen.
Ich habe Seife in dem Ohr
und Hühneraugen an den Füßen. –

Das Wasser ist schon stark getrübt,
nur mühsam wälzen sich die Fluten.
Ich bin seit vorgestern verliebt,
da hilft kein Blasen und kein Tuten. –

An Rolf

Du warst ein treuer Kamerad,
so treu, wie er im Buche steht.
Wir bummelten und spielten Skat,
dann wurden wir vom Wind verweht.

Dann wurden wir vom Wind verweht,
allein, ein Freund bliebst du mir nicht.
Ich wurde ja auch nur Poet,
du aber bist beim Amtsgericht.

Der Einsame

Einsam irr ich durch die Gassen,
durch den Regen, durch die Nacht.
Warum hast du mich verlassen,
warum hast du das gemacht?
Nichts bleibt mir, als mich zu grämen!
Gestern sprang ich in den Bach,
um das Leben mir zu nehmen;
doch der Bach war viel zu flach.

Einsam irr ich durch den Regen,
und ganz feucht ist mein Gesicht,
nicht allein des Regens wegen,
nein, davon alleine nicht.
Wo bleibt Tod in schwarzem Kleide?
Wo bleibt Tod und tötet mich?
Oder besser noch: uns beide?
Oder besser: erst mal dich?

Ballade aus Estland

Im alten Schloss zu Wesenstein,
da soll es nachts ganz finster sein.
Warum's dort finster ist bei Nacht,
das hat noch keiner rausgebracht.

Und jede Nacht um Mitternacht
die Turmuhr laut zwölf Schläge macht.
Warum das grad um Mitternacht,
das hat noch keiner rausgebracht.

Ein Dichter, dem mans hinterbracht,
hat hieraus dies Gedicht gemacht.
Warum er dies Gedicht gemacht,
das hat noch keiner rausgebracht.

Das Blümchen*

Im Walde ist ein Plätzchen,
ein Plätzchen wunderschön.
Beim Plätzchen steht ein Bänkchen,
das möcht ich wiedersehn.
Beim Bänkchen wächst ein Blümchen,
ein Blümchen, weiß und rot,
das möcht ich gerne pflücken;
denn morgen ist es tot.
Ich wills ins Wasser legen,
bis dass es fast ertrinkt,
und es so lange hegen,
bis Mutti sagt: „Es stinkt!“

* *Dieses Gedicht schrieb der Autor mit 13 Jahren.*

Luisenstraße 13

Luisenstraße dreizehn ist bloß ein graues Haus, doch kriegen mich zehn Pferde nicht aus dem Haus heraus! Scheint dort auch nie die Sonne und pfeift durchs Dach der Wind, ich habe meine Gründe, und diese Gründe sind:

> Sie wohnt im dritten Stock, ich wohn im vierten Stock, in einem Häuserblock in der Luisenstraße. Sie ist 'ne Tippmamsell, und ich bin Junggesell, kanns wundern, dass ich schnell gleich Feuer fasse?
>
> Ich sitz dann abends in dem Zimmer und wird's noch so spät, ich höre dann ganz deutlich, wie sie unten schlafen geht, bei sich im dritten Stock! Ich wohn im vierten Stock, in einem Häuserblock in der Luisenstraße.

Der Vielaß

Ach, ein Unglück ohne Frage
ist das Essen, doch bei Tage
kann der Mensch nicht ohne dem
sein, und das ist unbequem.
Durch des Mundes enge Schleuse
zwängt mit Mühe man die Speise,
bis sie – klein und weich zerlutscht –
tiefer in den Magen rutscht.
Bald bemerkt man, nicht erheitert,
dass der Bauch sich stark erweitert,
und mit sauerem Gesicht
stellt man fest, dass das Gewicht
sich bedenklich hat verschoben,
und zwar leider Gotts nach oben.

Überlistet

Wenn Blätter von den Bäumen stürzen,
die Tage täglich sich verkürzen,
wenn Amsel, Drossel, Fink und Meisen
die Koffer packen und verreisen,
wenn all die Maden, Motten, Mücken,
die wir versäumten zu zerdrücken,
von selber sterben – so glaubt mir:
Es steht der Winter vor der Tür!

Ich lass ihn stehn!
Ich spiel ihm einen Possen!
Ich hab die Tür verriegelt
und gut abgeschlossen!
Er kann nicht rein!
Ich hab ihn angeschmiert!
Nun steht der Winter vor der Tür – – –
und friert!

Ein Ostergedicht

Wer ahnte, dass zum Weihnachtsfest
Cornelia mich sitzen lässt?

Das war noch nichts: Zu Ostern jetzt
hat sie mich abermals versetzt!

Nun freu ich mich auf Pfingsten –
nicht im Geringsten!

Liebe

Liebe ist eine der gebräuchlichsten Vokabeln im Sprachschatz der Völker, und ist sie auch als Wort nur kurz, so löst sie doch oft lange Aussprachen aus. Diese finden dann meist an einem runden Tisch statt, einem Tisch, der rund und platt ist wie ein Diskus, weshalb man diese Aussprachen auch Diskussionen nennt.

Es gibt viele Dinge, die der Mensch liebt. Zum Beispiel gutes Essen. Er nimmt einen lebenden Hummer und wirft ihn ins kochende Wasser. Dann wird er rot – der Hummer. Eigentlich muss der Mensch rot werden, wenn er so was tut.

Dann gibt es die Vaterlandsliebe. Es ist ja auch schön, wenn man mit seinem Bund Staat machen kann. Deswegen geht es bei uns manchmal recht bunt zu: Blicken wir nach Osten, sehen wir rot; die Roten wiederum sind uns nicht grün, weshalb manche schwarzsehen – also weiß der Himmel: Nicht nur in Südafrika, auch in Europa gibt es farbige Probleme. Wie Sie sehen, ist es bei uns weniger die Rasse als der Russe, der die Risse erzeugt.

Zahnweh

Vom Zahn der Zeit sei heute die Rede. Der nagt nämlich an meinem Zahn, weshalb ich es an der Zeit fand, zum Zahnarzt zu schleichen. Bevor Letzterer aber dazu kam, mir Ersteren zu entfernen, entfernte ich mich, weil ich glaubte, der Situation nicht gewachsen zu sein, wenn der Zahnarzt – zornig geworden durch meine Klagen – befehlen wird: „Mensch, beißen Sie die Zähne zusammen, und machen Sie den Mund auf!"

Ach was – bei irgendeiner Gelegenheit werde ich mir den wehen Zahn schon ausbeißen, es gibt ja immer mal eine harte Nuss zu knacken. Der Biss auf die Nuss erspart den Zahnarzt.

An einen Nichtschwimmer

Du kannst nicht schwimmen? Ah, deshalb kriegen
dich nicht Baldrian, nicht Kampfer
auf einen Dampfer!
Doch neulich hast du ein Flugzeug bestiegen!
Kannst du denn fliegen? …

Ausgefallenes

Man hat ganz oben auf dem Kopfe
viel tausend Poren, dicht bei dicht.
Und nun – das ist das Wunderbare:
aus diesen Poren wachsen Haare!!!
Oder auch nicht.

Rezept

Besitzt du Senkfüße, schluck Pillen,
und du bist platt: Sie helfen gleich!

Auch gegen sonstige Bazillen
gebrauch nicht Fenchel und Kamillen!
Vergiss das Zeugs um Himmels willen!

Des Menschen *Pille* ist sein Himmelreich!

Bin ich verliebt?

Gestern Nacht war Wetterleuchten,
und wir saßen an dem Strand,
und die Wellen rauschten leise,
und ich drückte ihr die Hand.
Und dann wollt ich etwas sagen,
und ich sah ihr ins Gesicht,
und da konnt ich es nicht sagen,
nein, ich konnt es nicht!
    Bin ich verliebt? Vielleicht auch nicht!
    Vielleicht auch doch, kann sein, vielleicht!
    Warum vielleicht? Vielleicht bestimmt?
    Vielleicht auch nicht, vielleicht?
Jeden Morgen schmeckt mir
der Kaffee ganz besonders fein,
aber heute, weiß der Teufel,
wollt er gar nicht recht herein.
Auch der Duft der Zigarette
ist mir gar nicht angenehm,
und in dem sonst weichen Bette
schlief ich unbequem!

Der Einbruch

Durch das angelehnte Fenster
steigt der jugendliche Gangster* –
er will nämlich die Juwelen,
die im Nachttisch liegen, stehlen!

Schon zieht sacht er an der Lade – – –
da erwacht – und jetzt gerade! –
die Frau Gräfin aus dem Schlaf:
„Kommst du endlich, lieber Graf?",
flüstert sie und schlägt die Decken
ganz zurück … Voller Erschrecken
übern Anblick springt der Gangster
ohne Schmuck schnell aus dem Fenster* – – –!

Und er gibt sich das Versprechen,
nie wieder bei alten Damen
(auch mit adeligem Namen)
einzubrechen!

* *Sollte jemand meinen, der Reim Fenster – Gangster sei nicht gut, so möchte ich hier unten ausdrücklich betonen, dass ich nie behauptet habe, er sei es!*

An einen Schlagerkomponisten

Willst du Schlager fabrizieren,
weil so wenig existieren,
so ergreife deine Feder
oder auch den Blei entweder
und versuche zu notieren,
was gerade du ersannst.

Doch musst du dich dagegen wehren,
etwas Neues zu gebären;
denn nur das, was alt und mager,
wird ein so genannter Schlager,
nach dem alles singt und tanzt.

Sieh dir deine Gattin an:
Von den Fraun lernst du behände,
wie du ältere Bestände
wieder aufarbeiten kannst …!

Aphorismen

Manche Schlagertexter schreiben
nur ab und zu; vor allem ab.

Das ewige Schwimmen gegen den
Strom wird noch einmal der Nagel
zu meinem letzten Atemzug sein.

Wenn schon Nietzsche sagt, dass zum
Leben drei Dinge gehören, nämlich
Geld, Geld und Geld, so möchte ich
diesen klugen Satz dahin erweitern,
dass zum Leben vier Dinge gehören,
nämlich Geld, Geld, Geld und Geld.

Alles im Leben geht natürlich zu, nur
die Hose geht natürlich nicht zu!

Winteranfang

Verblüht sind Dahlien und Ginster.
Die Rechnung steigt für Öl und Licht.
Die Nächte werden wieder finster.
Der Tag nimmt ab. Die Oma nicht.

Sommeranfang

Mit Frischem füllen sich die Keller.
Es sinkt der Öl- und Lichtverbrauch.
Die Nächte werden wieder heller.
Der Tag nimmt zu. Die Oma auch.

Trinklied

Wo bleibt heut bloß der Sonnenschein?
Liegts an den Isobaren?
Ach, solls doch ruhig trübe sein,
wir trinken unsern Klaren!

Schön eisgekühlt stürzt er zu Tal,
es wird uns heiß und heißer …
Der trübe Himmel kann uns mal,
und wo er kann, das weiß er.

Das Trübsalblasen ist ein Graus
und schädlich ohne Zweifel!
Kommt, lacht den trüben Himmel aus –
Alkohol ihn doch der Teufel!

Die Kunst des Trinkens

Solange es uns Menschen gibt,
sind auch Getränke sehr beliebt –
ich meine hier natürlich nur
die alkoholischer Natur!

Den Wein, den hab ich übersprungen,
der wurde schon zu oft besungen
und auch der Sekt! (Man reicht ihn Gästen
zum An- und Aufstoßen bei Festen.)

Wie selten aber steht vom Bier
etwas geschrieben, außer hier:
„Es schäumt das Glas mit edler Gerste,
und stets bekömmlich ist das erste!“

Doch gibt es außerdem Getränke,
den’n ich besondre Liebe schenke,
ich schätze fast seit der Geburt se:
das ist der Klare oder Kurze!

Wie wärmen sie an kalten Tagen
schön eisgekühlt den kalten Magen!!!
Wie spornen sie – als Geistgetränke –
den Geist an, dass er wieder denke!!!

Jedoch wie geistlos – sei'n wir offen! –
wird diese Köstlichkeit gesoffen!
Drum will ich, eh Sie einen heben,
hier schnell noch einen Ratschlag geben:

Man trinke Schnaps stets nur zum Essen!!!
Das Bier dazu soll man vergessen!!!
Und ob in Kneipe oder Haus:
Man lasse immer einen aus!!!

Wenn man das ganz genau so tut,
dann fährt man stets – auch Auto! – gut.

Spätlese

Ich bin sehr krank
und geh zum Schrank.
Ich hol ein Glas
und fülle das
mit Moselwein.
Hm, der schmeckt fein:
Spätlese!

Ich bin genesen
und möchte lesen.
Ich hol mir was
und lese das
von abends acht
bis Mitternacht.
Auch ’ne Spätlese …

Leicht zu sagen

Du irrst, wenn du sagst, es sei leicht,
was *Leichtes* hinzuschreiben,
was lustig – aber nicht zu seicht –
die Sorgen hilft vertreiben.

Leicht ist, ich bitt dich zu verzeihn,
das so genannte *Ernste*,
das braucht nicht angeborn zu sein –
das kannste bald, das lernste!

In vier Zeilen

Ich wälze nicht schwere Probleme
und spreche nicht über die Zeit.
Ich weiß nicht, wohin ich dann käme,
ich weiß nur, ich käme nicht weit.

Es dürfte keine Steuern geben,
kein Zahnweh, keine Schützengräben,
dann wär auf dieser Welt das Leben
vielleicht noch schöner als wie eben!

Man gab uns mancherlei auf Erden:
Zum Denken gab man uns die Stirn,
man gab uns Herz- und Leibbeschwerden,
doch auch den Himmel und den Zwirn.

Sie dienten mir gerne bei jedem Gedicht,
die Substantive und Verben,
doch heute gehorchen sie mir leider nicht –
ich möchte am liebsten sterben.

Das Märchen vom Muselmann

Es war einmal ein Muselmann,
der trank sich einen Dusel an,
wann immer er nur kunnt.
Er rief dann stets das Muselweib,
wo es denn mit dem Fusel bleib',
denn Durst ist nicht gesund.
Und brachte sie die Pulle 'rein,
gefüllt mit süßem Muselwein,
dann trank er
und trank er,
hin sank er
als Kranker,
bis Gott sei Dank er
unterm Tische verschwund.

Warum die Zitronen sauer wurden

Ich muss das wirklich mal betonen:
Ganz früher waren die Zitronen
(ich weiß nur nicht genau mehr, wann dies
gewesen ist) so süß wie Kandis.

Bis sie einst sprachen: „Wir Zitronen,
wir wollen groß sein wie Melonen!
Auch finden wir das Gelb abscheulich,
wir wollen rot sein oder bläulich!"

Gott hörte oben die Beschwerden
und sagte: „Daraus kann nichts werden!
Ihr müsst so bleiben! Ich bedauer!"
Da wurden die Zitronen sauer …

Ankunft in Frankfurt

Fast zu jeder Jahreszeit,
ob es warm ist oder schneit,
findet in der Messestadt
Frankfurt eine Messe statt.

Der Snob

Sie reichten Weine mir und Bier
und Schnäpse und dergleichen –
dabei könn'n diese Leute mir
nicht mal das Wasser reichen!

Zahnpflegeleien

Man sollte wirklich den so schweren Gang zum Zahnarzt wagen. Wie wäre es mit morgen? Ach nee, morgen kann ich Gott sei Dank leider nicht! Und übermorgen? Oh, da hat der Zahnarzt keine Sprechstunde! Fein, wie schade! Aber in diesem Jahr gehe ich bestimmt noch hin, denn sonst steht plötzlich auf meinem Grabstein:

Geboren am Bodensee,
gestorben an Zahnweh …

Pressefreiheit

Donnerstag
Der Wecker weckt, wie üblich, um sieben.

Du hast dir den Schlaf aus den Augen gerieben
und gehst dich waschen, vielleicht sogar baden,
auch eine Rasur kann heute nichts schaden.
Du ziehst dich, leis trällernd, sorgfältig an
und schreitest hinunter, ganz Vater, ganz Mann!
Begrüßt deine Frau, deren Sohn, dessen Schwestern –
du kennst sie ja schließlich noch alle von gestern –,
und so nehmt ihr denn Platz an dem Frühstückstisch.

Der Kaffee ist warm, die Brötchen frisch.
Das Ei ist weich. – Du schmierst dir gerade
aufs Brötchen erst Butter, dann Marmelade,
da fällt – unter des Sehnervs bewährter Leitung –
dein Blick auf die heutige Morgenzeitung
und liest eine Schlagzeile, so wie diese:

> *Ein neuer Weltkrieg droht!*
> *Es kommt eine Krise!!!*

Kaum hast du das in dich aufgenommen,
schon ist der Kaffee dir hochgekommen!
Das Brötchen bleibt dir im Halse stecken,
und das Ei will nun auch nicht mehr richtig
[schmecken!
Dein gütiges Vaterlächeln ist jäh erstorben –
kurzum, deine Laune ist gründlich verdorben!
So schleichst du denn, deprimiert und nicht froh,
in dein Büro.

Freitag
Der Wecker weckt, wie üblich, um sieben.

Er hat dich recht roh aus dem Bette getrieben.
Du wäschst dich nur flüchtig und nur, wo es wichtig,
und rasierst dich auch gar nicht so richtig.

Du nimmst am Frühstückstisch Platz in Begleitung
deiner Familie und greifst *schon* nach der Zeitung!
Du überfliegst die erste Seite – und suchst
dann auf der zweiten Seite und fluchst,
weil auch auf der dritten und vierten nichts steht,
wie es mit der Krise denn weitergeht!

Endlich, auf der letzten Seite, ganz hinten,
ganz klein gedruckt und kaum noch zu finden,
liest du dann eine Notiz, so wie diese:

Es kann keine Rede sein von einer Krise!
Auch sonst sind keine Gefahren vorhanden,
wir hatten den Redner bloß missverstanden
und bitten die Leser, die immer geduldigen,
auch diesmal die Falschmeldung zu entschuldigen!

Nur zögernd glätten sich deine Falten – – –.
Du trinkst den Kaffee, den inzwischen kalten,
dann nimmst du den Löffel und schlägst deinem Ei
fast zärtlich die kalkige Schale entzwei.
Dann greifst du zum Brötchen und schließlich
[zur Butter
– dasselbe tuen die Kinder, die Mutter –,
und allmählich zieht im trauten Verein
nun auch der innere Frieden ein.

Die Familie ist glücklich. Du bist es wie sie –
bis morgen früh (?) …

Ein Nachruf

Du warst ein Musiker und Dichter,
ein Maler und Kaninchenzüchter;
doch trotzdem wars dir nicht gegeben,
den eignen Tod zu überleben. –
Wir wollen nur das eine hoffen,
dass du ’s dort oben gut getroffen!

Zu kurz

Kaum, dass auf diese Welt du kamst,
zur Schule gingst, die Gattin nahmst,
dir Kinder, Geld und Gut erwarbst –
schon liegst du unten, weil du starbst.

Der Besuch

Es klopft. „Herein!“
Wer kommt? ‚Freund‘ Hein!
„Was willst du mit der Sense, sprich?“
„Ich will nicht viel, ich will nur dich!“
„Was, heute schon? Ist’s schon so weit?
Ach, lass mir noch ein wenig Zeit!“
„Nun gut – ich will mal nicht so sein,
ich schaue nächstens wieder rein …!“

Der zweite Besuch

Es klopft. „Herein!“
Es ist ‚Freund‘ Hein!
„Ach, du bist’s wieder? Gib doch Ruh!
Zum Nachbarn geh, du Heini, du!
Den kannst du – niemand wird sich grämen –
ganz schnell mal auf die Hippe nehmen!“
„Na, schön, ist mein Besuch dir peinlich,
ich warte draußen, bin nicht kleinlich!“

Der letzte Besuch

Mein Haar ist weiß, grau das Gesicht …
Ich schreib mit Mühe dies Gedicht …
Mein Hirn ist leer, mein Darm verstopft …
Bin so allein …
Wo bleibt ‚Freund' Hein …?

Aha, es klopft – – –

dschu-fi-mu

es stirbt die nacht
wird sie vom tag entbunden

der große zeiger
überholt den kleinen

und atemlos
stirbt auch der tag

Letzter Rat

Bevor man dich verbrennt zu Asche,
verhindere, dass man dich wasche.
Versenkt man dich dann in den Keller,
verbrennst du, ungewaschen, schneller!

Wenn sie jedoch die Absicht haben,
dich einst im Ganzen zu begraben,
dann sei appetitlich, frisch und rein –
die Würmer werden dankbar sein!

Kurz vor Schluss

Schön ist der Wein, bevor er getrunken,
schön ist das Schiff, bevor es gesunken,
schön ist der Herbst, solange noch Mai ist,
schön ist der Leutnant, solang er aus Blei ist.

Schön ist das Glück, wenn man es nur fände!
Schön ist dies Buch, denn gleich ists zu Ende.

Letzte Bitte

Der Tag geht nun zur Neige
und leise kommt die Nacht.
Ich danke dir für alles,
was du für mich gemacht.

Du hast mich stets getröstet,
wenn mir was nicht geglückt,
und hast so oft aus Liebe
ein Auge zugedrückt.

Jetzt geht mein Weg zu Ende.
Und leg ich mich zur Ruh,
so falte meine Hände,
und dann nimm deine Hände:
Drück beide Augen zu…

Ganz zuletzt

Oh, wär ich
der Kästner Erich!
Auch wäre ich gern
Christian Morgenstern!
Und hätte ich nur *einen* Satz
vom Ringelnatz!
Doch nichts davon! – Zu aller Not
hab ich auch nichts von Busch und Roth!
Drum bleib ich, wenn es mir auch schwer ward,
nur der Heinz Erhardt …

Inhalt